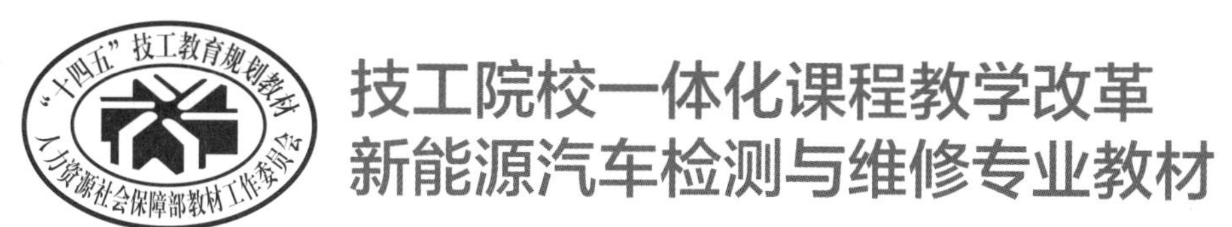

技工院校一体化课程教学改革
新能源汽车检测与维修专业教材

新能源汽车高压系统
故障诊断与排除

夏宝山 / 主编

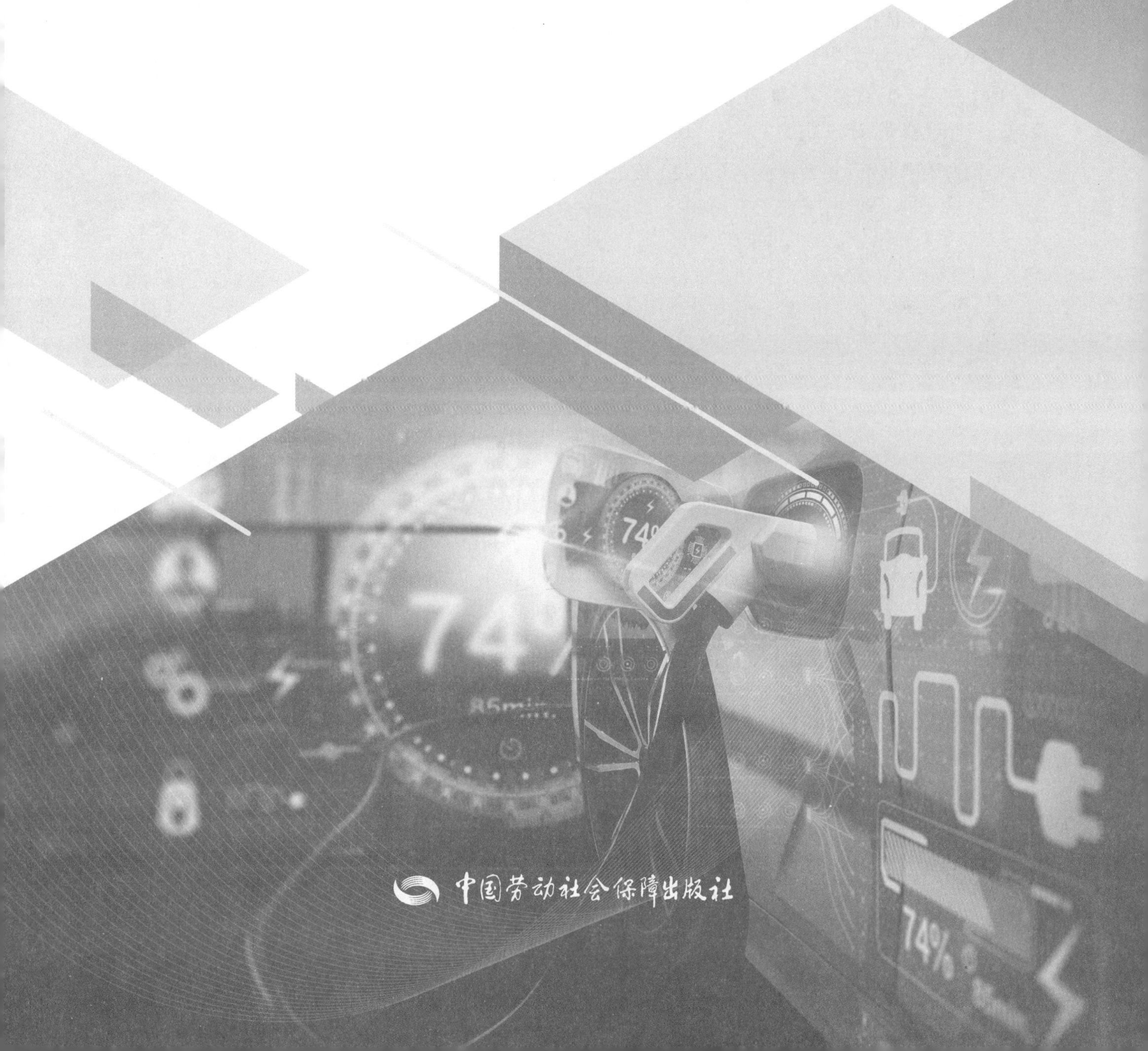

中国劳动社会保障出版社

内容简介

本书是技工院校一体化课程教学改革新能源汽车检测与维修专业教材，主要内容包括新能源汽车无法充电故障诊断与排除、新能源汽车无法行驶故障诊断与排除、新能源汽车动力蓄电池过热故障诊断与排除、新能源汽车无法上电故障诊断与排除四个任务。

本书由夏宝山任主编，马长春、李景芝任副主编，曹伟伟、李守纪、薛菲、胡海玲、马萌萌、周娜参加编写。

图书在版编目（CIP）数据

新能源汽车高压系统故障诊断与排除 / 夏宝山主编. -- 北京：中国劳动社会保障出版社，2023
技工院校一体化课程教学改革新能源汽车检测与维修专业教材
ISBN 978-7-5167-5676-8

Ⅰ. ①新… Ⅱ. ①夏… Ⅲ. ①新能源－汽车－高电压－故障诊断－技工学校－教材②新能源－汽车－高电压－车辆修理－技工学校－教材 Ⅳ. ①U469.707

中国版本图书馆 CIP 数据核字（2022）第 237932 号

中国劳动社会保障出版社出版发行

（北京市惠新东街 1 号 邮政编码：100029）

*

北京市白帆印务有限公司印刷装订 新华书店经销

880 毫米 ×1230 毫米 16 开本 7.25 印张 165 千字

2023 年 3 月第 1 版 2025 年 3 月第 6 次印刷

定价：19.00 元

营销中心电话：400-606-6496

出版社网址：http://www.class.com.cn

http://jg.class.com.cn

前言

工学一体化技能人才培养模式是依据国家职业标准及技能人才培养标准，以综合职业能力培养为目标，将工作过程和学习过程融为一体，培育德技并修、技艺精湛的技能劳动者和能工巧匠的人才培养方式。自2009年起，我部通过分批试点方式逐步推进工学一体化课程教学改革，试点专业31个、试点院校近200所。试点实践表明，工学一体化技能人才培养模式教学效果得到教师、学生、家长的认可，培养质量得到企业等用人单位的好评，契合高技能人才培养的客观要求和技工教育特色发展的内在要求，是推进校企融合、提质培优的重要途径，是技工院校服务制造业和实体经济发展的务实举措。

教学改革的成果最终要以教材为载体进行体现和传播。为了更好地适应技工院校新能源汽车检测与维修专业开展工学一体化教学，我们组织有关学校的一线教师和行业、企业专家，在充分调研企业生产和学校教学情况的基础上，组织编写了部分技师层次的工学一体化教材。

教材以新能源汽车检测与维修专业国家技能人才培养工学一体化课程标准为依据，按照一体化工作页的形式编写，按照“明确工作任务→工作准备与计划制订→故障排除与交付→工作总结与评价”四个学习活动进行结构设计，并配套有参考答案，以便于教师教学和学生练习使用，参考答案可通过技工教育网（http://jg.class.com.cn）免费下载。

本次教材编写工作得到了北京汽车技师学院的大力支持，在此我们表示诚挚的谢意。

技工院校一体化课程教学改革教材编委会

2022 年 11 月

目　　录

学习任务一　新能源汽车无法充电故障诊断与排除

学习目标

1. 能描述充电系统的定义、充放电速率、常用的充电方式、充电桩的类型、直流充电桩的充电步骤、车载充电机的工作流程、快充高压上电原理及充电接口针脚定义，正确绘制充电系统结构简图，进行快充系统控制策略原理分析，并根据接车问诊单，明确故障现象、检修要求及工时等内容。

2. 能通过查阅资料，获取新能源汽车无法充电故障的原因和处理方法，明确车辆充电安全注意事项和高压断电注意事项。

3. 能根据故障检修要求，通过小组讨论，制订合理的检修方案。

4. 能根据故障检修要求，领取相关物料，并检查其好坏。

5. 能根据故障检修要求，进行充电系统故障的初步诊断，完成充电系统低压辅助电源供电线路，快充低压线束接插件 CC1、CC2 信号线路，快充 CAN 通信线路及快充唤醒继电器的检测，给出维修建议，并交付验收。

6. 能对维修场地的相关设备进行日常维护与保养，按 7S 管理规定清理现场。

7. 能对相关资料、互联网资源进行检索，独立完成维修工单、工作页的填写。

8. 能展示工作成果，进行任务评价，总结工作经验。

9. 能在作业过程中严格执行企业操作规范、安全生产制度和环保管理制度，严格遵守从业人员的职业道德，具有吃苦耐劳、爱岗敬业的工作态度和职业责任感。

建议学时

40 学时

工作情境描述

某车主反映，其驾驶的北汽新能源 EU5（R550）汽车出现无法充电故障，车主将汽车送厂维修，维修技师验证故障现象后，通过观察仪表显示，读取车辆数据并结合以往的维修经验初步判断是充电系统故障，要求汽车维修人员在 1 h 内对系统相关控制模块接头、线束连接、故障码、数据流等项目进行检查和分析，确定故障部位并排除故障，完成后交付验收。

工作流程与活动

1. 明确工作任务（8 学时）
2. 工作准备与计划制订（10 学时）
3. 故障排除与交付（16 学时）
4. 工作总结与评价（6 学时）

- 学习任务一　新能源汽车无法充电故障诊断与排除
  - 学习活动1　明确工作任务
    - **明确新能源汽车无法充电故障检修任务**
    - **故障复现**
      - 故障现象记录
      - 仪表或显示屏提示信息记录
    - **认识汽车充电系统**
      - 充电系统的定义
      - 充放电速率
      - 充电方式
        - 慢充系统
        - 快充系统
      - 充电桩
        - 充电桩的类型
        - 直流充电桩的充电步骤
      - 充电系统结构简图
      - 车载充电机的工作流程
      - 快充高压上电原理
      - 充电接口针脚定义
        - 慢充接口（H05）针脚定义
        - 快充接口（H04）针脚定义
        - DC-CHM快充低压接口（F04）针脚定义
      - 快充系统控制策略原理
  - 学习活动2　工作准备与计划制订
    - **获取新能源汽车无法充电故障的原因及处理方法**
    - **制订检修方案**
    - **车辆充电安全注意事项**
    - **高压断电注意事项**
  - 学习活动3　故障排除与交付
    - **物料准备**
    - **安全检查与防护**
    - **初步诊断**
      - 检查仪表盘显示
      - 检查快充线束及接插件
      - 用诊断仪读取故障码及数据流
    - **检修实施**
      - 检测低压辅助电源供电线路
      - 检测快充低压线束接插件CC1、CC2信号线路
      - 检测快充CAN通信线路
      - 检测快充唤醒继电器
    - **交付验收**
      - 操作功能验证
      - 仪表显示检查
  - 学习活动4　工作总结与评价
    - **工作总结**
    - **综合评价**

学习活动 1　明确工作任务

学习目标

1. 能通过与客户沟通，准确填写接车问诊单，确认故障车辆的基本信息和检修要求。

2. 能正确进行故障复现并准确记录故障现象和仪表、显示屏提示信息。

3. 能描述充电系统的定义、充放电速率及常用的充电方式。

4. 能描述充电桩的类型和直流充电桩的充电步骤。

5. 能绘制充电系统结构简图。

6. 能描述车载充电机的工作流程、快充高压上电原理及充电接口针脚定义。

7. 能进行快充系统控制策略原理分析。

建议学时

8 学时。

学习过程

一、明确新能源汽车无法充电故障检修任务

维修人员从维修主管处领取接车问诊单（表 1-1-1），与客户进行沟通，获取车辆型号、故障现象及故障时间等信息，正确填写接车问诊单，初步确认本次工作的基本内容。

表 1-1-1　　接车问诊单

<table>
<tr><td colspan="6">北汽新能源售后服务环检问诊单　　　　经销商代码：</td></tr>
<tr><td>客户姓名</td><td></td><td>车牌号</td><td></td><td>里程数</td><td>km</td></tr>
<tr><td>联系电话</td><td></td><td>VIN</td><td></td><td>进店时间</td><td>时　分</td></tr>
<tr><td>车型</td><td></td><td>颜色</td><td></td><td>预约客户</td><td>□是　□否</td></tr>
<tr><td>是否环检</td><td>□是　□否</td><td>维修类别</td><td>□保养　□机修
□钣喷　□其他</td><td>是否洗车</td><td>□是　□否</td></tr>
<tr><td colspan="4">客户描述</td><td colspan="2">初步诊断</td></tr>
<tr><td rowspan="6">问诊</td><td colspan="5">1. 发生的时间：□突然　□（　）天前　□（　）月前　□其他</td></tr>
<tr><td colspan="5">2. 症状出现频率：□经常　□偶尔　□____日 / 周 / 月____次</td></tr>
<tr><td colspan="5">3. 工作状态：□冷机　□热机　□启动时挡位（　）　□空调开 / 关　□其他（　）</td></tr>
<tr><td colspan="5">4. 何时发生：□发动　□怠速　□起步　□行驶　□加 / 减速　□转弯　□倒车　□其他</td></tr>
<tr><td colspan="5">5. 道路状况：□高速路　□国道　□城市道路　□坡道　□颠簸路　□其他</td></tr>
<tr><td colspan="5">6. 天气状况：□晴天　□雨天　□阴天　□其他</td></tr>
<tr><td rowspan="13">车辆环检</td><td colspan="5">功能及物品确认</td></tr>
<tr><td>油 / 液</td><td colspan="2">□缺　□滴　□其他</td><td colspan="2" rowspan="12"></td></tr>
<tr><td>外部灯光</td><td colspan="2">□缺　□滴　□其他</td></tr>
<tr><td>内部灯光</td><td colspan="2">□缺　□滴　□其他</td></tr>
<tr><td>玻璃升降</td><td colspan="2">□缺　□滴　□其他</td></tr>
<tr><td>中央门锁</td><td colspan="2">□缺　□滴　□其他</td></tr>
<tr><td>空调系统</td><td colspan="2">□缺　□滴　□其他</td></tr>
<tr><td>音响系统</td><td colspan="2">□缺　□滴　□其他</td></tr>
<tr><td>点烟器</td><td colspan="2">□缺　□滴　□其他</td></tr>
<tr><td>备胎</td><td colspan="2">□缺　□滴　□其他</td></tr>
<tr><td>随车工具</td><td colspan="2">□缺　□滴　□其他</td></tr>
<tr><td>SOC 位置</td><td colspan="2">1/2
Empty　　Full</td></tr>
<tr><td>车身外观确认</td><td colspan="2">□完好　□划伤　□损坏</td></tr>
<tr><td>其他事项</td><td colspan="5"></td></tr>
<tr><td colspan="6">1. 本人同意贵公司检查以上项目。2. 维修完成后，客户凭此单取车，请妥善保管。
客户：　　　日期：　　　服务顾问：　　　日期：</td></tr>
<tr><td colspan="6">此单一式两联，服务顾问和客户各持一联</td></tr>
</table>

二、故障复现

说明：故障复现是非常重要的环节，是确认车辆真实故障的体现，要求学生能进行车辆正确的操作，必要时需进行试车，所以要求有驾驶执照。

方法：

学生在教师的指导下对车辆充电系统进行操作，正确连接慢充枪、快充枪，结合客户的表述，记录车辆故障现象及仪表、显示屏提示信息。

1. 故障现象记录

____

____

____

2. 仪表或显示屏提示信息记录

____

____

____

三、认识汽车充电系统

1. 充电系统的定义

电动汽车充电系统是维持电动汽车运行的______________设施，是从供电电源提取能量对动力电池充电时使用的有特定功能的电力转换装置。

2. 充放电速率

电动汽车的动力电池充放电速率对动力电池的性能影响很大，动力电池的充放电速率有倍率和时率两种表示方法。

倍率，又称 C 率，是指动力电池在规定时间内放出其额定容量时所需要的__________，即：C 率 = 充放电电流（A）/ 额定容量（A · h），其数值为动力电池额定容量的倍数。额定容量为 100 A · h 的动力电池用 20 A 电流放电时，其放电倍率为____________。

时率，又称小时率，是动力电池以一定的电流放完额定容量所需要的__________，即时率（h）=____________________/ 规定的充放电电流（A）。

3. 充电方式

充电系统是新能源汽车主要的能源补给系统，分为______________（俗称慢充系统）和____________（俗称快充系统）两种方式。

（1）慢充系统

慢充系统使用交流 220 V 单相民用电，通过__________，将交流电变换为______________给动力电池充电。

慢充系统主要由______________、______________、______________、______________、动力电池等构成。

（2）快充系统

快充系统一般使用工业 380 V 三相电，通过____________后，直接将____________通过________供给动力电池进行充电。

快充系统主要由____________、____________、________________、动力电池和____________等构成。

4. 充电桩

（1）充电桩的类型

按安装方式分为________________、________________。

按安装地点分为______________、______________。

按充电接口数分为____________、____________。

按充电方式分为______________、________________、____________________。

（2）直流充电桩的充电步骤

使用直流充电桩充电时，应按下列步骤进行。

1）____

2）____

3）____

充电过程中充电连接指示灯一直处于点亮状态，只有拔下充电枪并盖好塑料盖及充电口盖板之后，充电连接指示灯才会熄灭。

5. 充电系统结构简图

查阅维修手册，绘制充电系统结构简图。

（1）慢充系统

（2）快充系统

6. 车载充电机的工作流程

（1）________________

（2）________________

（3）________________

（4）________________

（5）________________

（6）________________

（7）________________

（8）________________

7. 快充高压上电原理

根据快充高压上电原理图（图 1-1-1），写出各继电器常开触点的闭合顺序：________________。

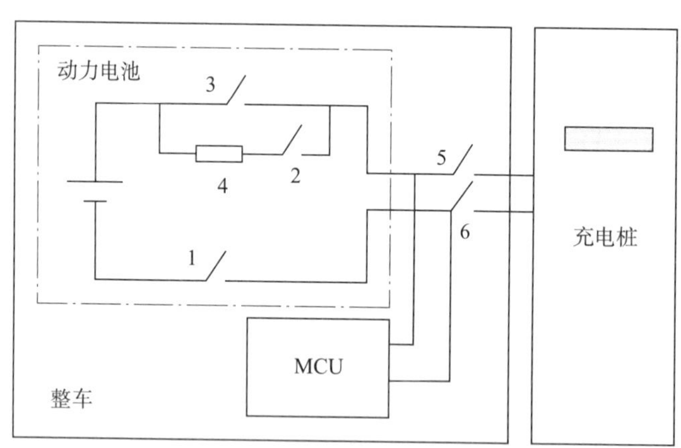

图 1-1-1　快充高压上电原理图

1—负极继电器常开触点　2—预充继电器常开触点　3—正极继电器常开触点　4—预充电阻
5—快充正极继电器常开触点　6—快充负极继电器常开触点

8. 充电接口针脚定义

（1）慢充接口（H05）针脚定义

查阅维修手册，根据图 1-1-2 所示慢充接口图，完成表 1-1-2。

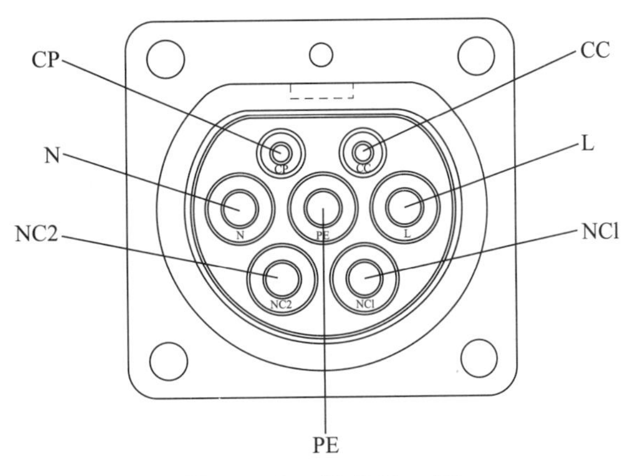

图 1-1-2　慢充接口图

表 1-1-2　慢充接口各针脚定义及功能

针脚编号	定义	功能
CP		
CC		
N		
L		
PE		
NC1		
NC2		

（2）快充接口（H04）针脚定义

查阅维修手册，根据图 1-1-3 所示快充接口图，完成表 1-1-3。

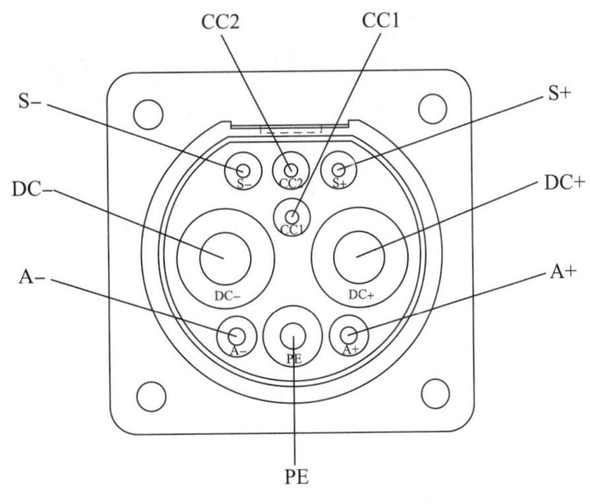

图 1-1-3　快充接口图

表 1-1-3　快充接口各针脚定义及功能

针脚编号	定义	功能
DC+		
DC-		
PE		
S+		
S-		
CC1		
CC2		
A+		
A-		

（3）DC-CHM 快充低压接口（F04）针脚定义

查阅维修手册，根据图 1-1-4 所示 DC-CHM 快充低压接口图，完成表 1-1-4。

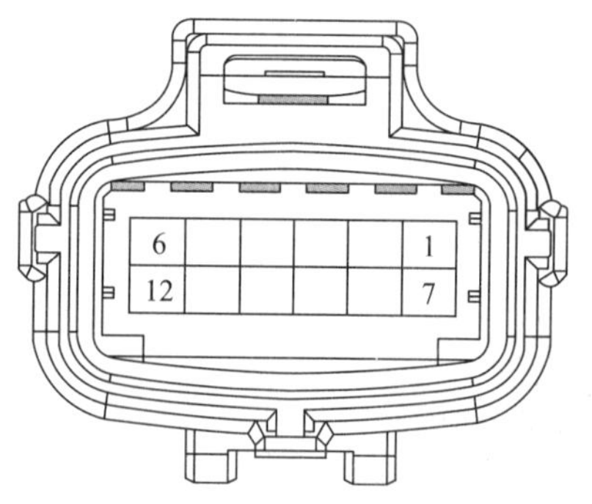

图 1-1-4　DC-CHM 快充低压接口图

表 1-1-4　DC-CHM 快充低压接口各针脚定义

序号	定义	序号	定义
1		7	
2		8	
3		9	
4		10	
5		11	
6		12	

9. 快充系统控制策略原理

根据快充系统控制策略原理图（图 1-1-5），查阅相关资料，完成下面填空。

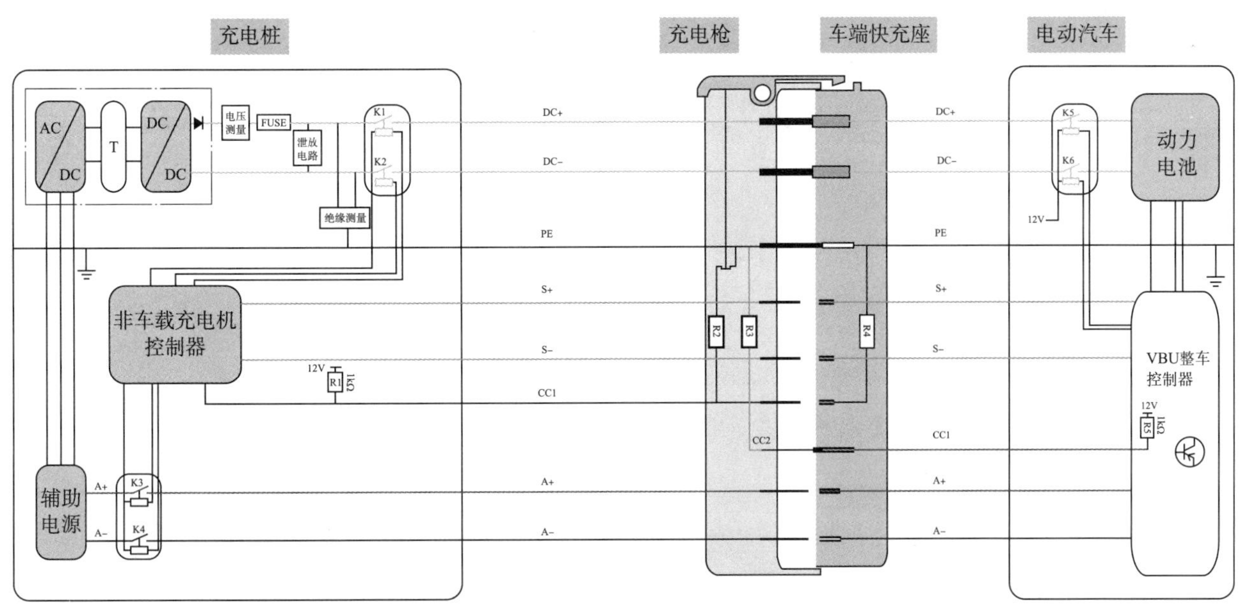

图 1-1-5　快充系统控制策略原理图

（1）上图中，K1、K2 为________________继电器，K3、K4 为________________继电器，K5、K6 为________________继电器。

（2）将充电枪插入，CC1 端参考电压由______V 变为______V，充电桩确认充电枪连接正确。车辆通过________信号确认充电枪连接状态。

（3）充电桩闭合继电器____、____，提供低压辅助电源，激活车辆各________。

（4）充电桩与车辆控制单元通过__________通信完成识别工作。

（5）充电桩与车辆控制单元通过 CAN 总线通信完成充电参数的配置，车辆控制单元闭合继电器____、____，充电桩闭合继电器____、____。

（6）开始充电，在充电过程中，充电桩与车辆控制单元通过__________发送状态信号。

（7）当车辆完成充电后，车辆控制单元发送充电完成信号，并断开继电器____、____，充电桩断开继电器____、____。

学习活动 2　工作准备与计划制订

学习目标

1. 能正确分析新能源汽车无法充电的原因，给出可行的处理方法。

2. 能根据故障检修要求，通过小组讨论，制订合理的检修方案。

3. 能描述车辆充电安全注意事项和高压断电注意事项。

建议学时

10 学时。

学习过程

一、获取新能源汽车无法充电故障的原因及处理方法

结合新能源车型充电系统电路图，根据故障现象和已有维修信息，分析新能源汽车无法充电可能的故障原因及处理方法，并填写表 1–2–1。

表 1–2–1　　新能源汽车无法充电的故障现象、故障原因及处理方法

故障现象	故障原因	处理方法

续表

故障现象	故障原因	处理方法

二、制订检修方案

根据车辆无法充电故障的检修要求，进行小组讨论，制订检修方案。

1. 根据具体工作内容，明确小组成员分工，填写表 1–2–2。

表 1–2–2　小组成员分工

姓名	分工

2. 根据要求列出检修所需主要工具及材料清单，填写表 1–2–3。

表 1–2–3　检修所需主要工具及材料清单

序号	工具及材料名称	规格	数量	备注

续表

序号	工具及材料名称	规格	数量	备注

3. 根据小组分工情况及客户要求，制订具体的检修工序，填写表 1–2–4。

表 1–2–4　检修工序安排

序号	检修工序内容	备注

制订检修方案之后，需要对方案内容进行可行性评估，并对实施地点、准备工作、检修过程等细节进行探讨分析，以保证后续检修安全、可靠地执行。以小组为单位就以上问题进行讨论，并根据讨论结果完善检修方案，记录主要修改内容。

三、车辆充电安全注意事项

1. 不要在________________打开的状态下关闭充电口盖板。
2. 不要用力拉或者扭转充电电缆。
3. 充电时，建议将车辆停放在______处。
4. 停止充电时，应先________充电连接装置的车辆插头，再________电源端供电插头。

四、高压断电注意事项

1. 在新能源汽车全部停电或部分停电的电气设备上工作，必须完成的措施：______________________

____

2. 在检修高压设备且需要停电时，必须把所有的电源都________，禁止在只断开开关电源的设备上工作。

3. 对电气设备验电前，应先在带电设备上进行试验，确认验电器________；必须选用电压等级合适且合格的验电器。

4. 检修前，应在带电设备进出线两侧各相分别放电，用测量用具确认______________。

学习活动 3　故障排除与交付

学习目标

1. 能根据故障检修要求，领取相关物料，并检查其好坏。

2. 能正确进行检修前的安全检查和防护工作。

3. 能通过检查充电系统仪表盘显示、部件及接插件状态，用诊断仪读取故障码及数据流，确定故障部位。

4. 能根据维修手册的要求，完成充电系统低压辅助电源供电线路，快充低压线束接插件 CC1、CC2 信号线路，快充 CAN 通信线路及快充唤醒继电器的检测，并给出维修建议。

5. 能正确进行充电系统操作功能验证和仪表显示检查，完成验收。

建议学时

16 学时。

学习过程

一、物料准备

根据新能源汽车无法充电故障检修流程的要求，在组长的带领下，就物料的名称、数量和型号进行核对，填写维修配件、材料领用单（表 1–3–1），为物料领取提供凭证。

表 1-3-1　　维修配件、材料领用单

维修项目	工时费	材料费			
		配件、材料名称	数量	单价	总价
工时费总价		材料费总价			
维修技师：		领用日期：			

二、安全检查与防护

在诊断与排除新能源汽车无法充电故障之前，要做好安全检查与防护，并将作业内容与作业结果填写于表 1-3-2 中。

表 1-3-2　　安全检查与防护

序号	作业	作业内容	作业结果
1	维修作业前现场环境检查		
2	维修作业前防护用具检查		
3	维修作业前仪表及工具检查		
4	维修作业前实施车辆防护		

三、初步诊断

初步诊断主要包括检查仪表盘显示是否正常，检查部件及接插件是否破损、有无弯曲变形、连接是否松动等，用诊断仪读取故障码及数据流三方面内容。

1. 检查仪表盘显示

记录仪表盘显示的故障信息，如闪亮的故障灯、文字信息提示，并说明其含义。

2. 检查快充线束及接插件

根据表 1-3-3，完成快充线束及接插件的初步诊断，并给出维修建议。

表 1-3-3　快充线束及接插件诊断记录表

序号	项目	诊断结果	维修建议
1	快充低压线束及接插件	□连接紧固 □松动 □破损	
2	快充高压线束及接插件	□连接紧固 □松动 □破损	
3	车身搭铁	□连接紧固 □松动 □破损	
4	快充接口	□烧蚀、锈蚀 □正常	

3. 用诊断仪读取故障码及数据流

用诊断仪读取故障码及数据流，并填写故障码及数据流诊断记录表（表 1-3-4）。

表 1-3-4　故障码及数据流诊断记录表

序号	项目	诊断结果	维修建议
1	故障码		
2	数据流		

四、检修实施

结合电池管理 /DC-CHM 快充低压控制系统接线图（图 1-3-1），进行充电系统的检修。

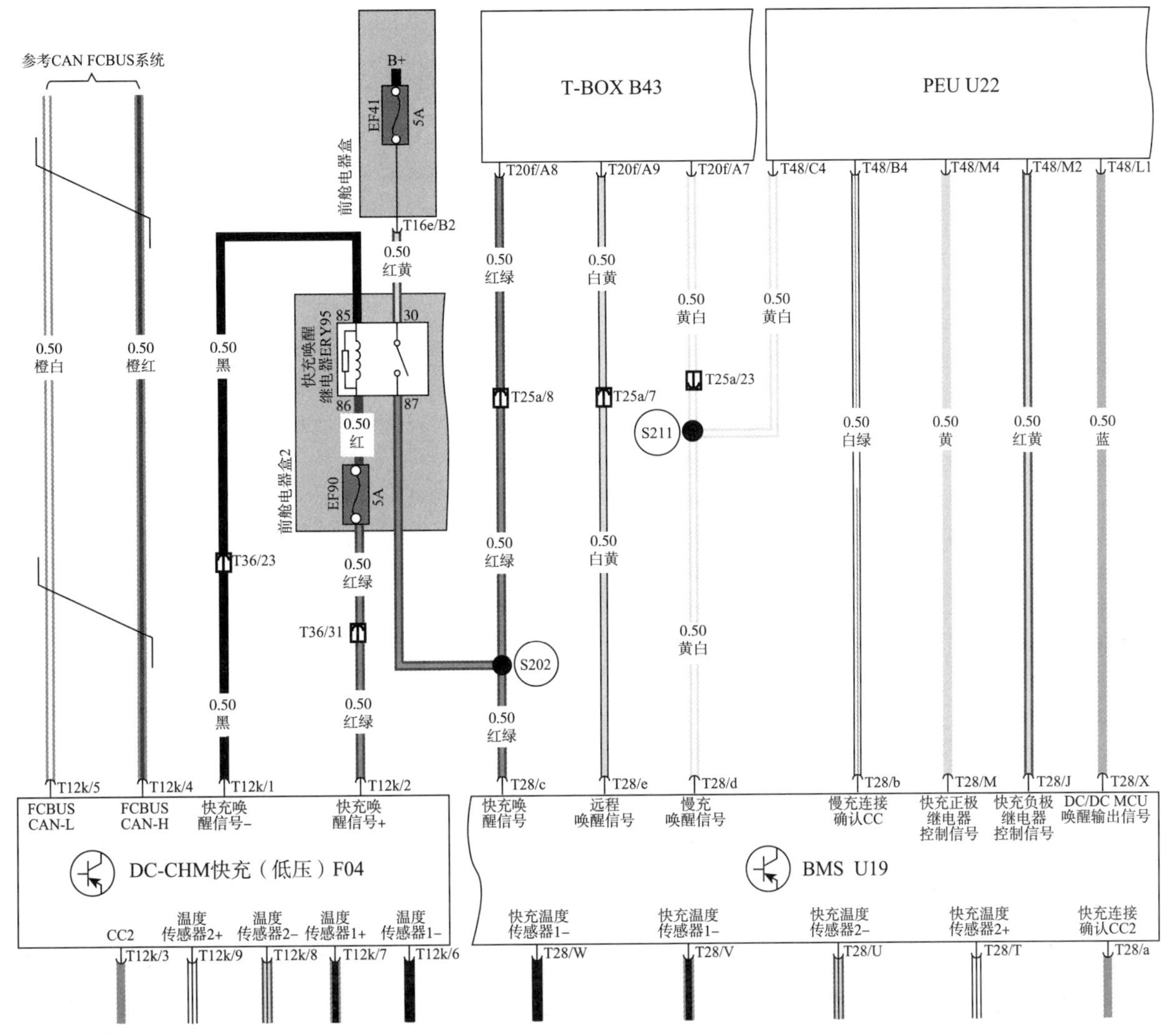

图 1-3-1　电池管理/DC-CHM 快充低压控制系统接线图

1. 检测低压辅助电源供电线路（表 1-3-5）

表 1-3-5　　检测低压辅助电源供电线路

检测项目	作业要领	检测结果	维修建议	完成情况
快充接口与低压线束接插件的导通情况		标准值：		完成□ 未完成□
快充接口与低压电器盒的导通情况		标准值：		完成□ 未完成□
A+/A- 辅助电源的电压		标准值：		完成□ 未完成□

2. 检测快充低压线束接插件 CC1、CC2 信号线路（表 1-3-6）

表 1-3-6　　检测快充低压线束接插件 CC1、CC2 信号线路

检测项目	作业要领	检测结果	维修建议	完成情况
CC1 电阻		标准值：		完成□ 未完成□
CC2 电阻		标准值：		完成□ 未完成□
快充接口 CC2 针脚与低压线束接插件 CC2 的导通情况		标准值：		完成□ 未完成□
低压线束接插件 CC2 与 BMS（电池管理系统）线束接插件的导通情况		标准值：		完成□ 未完成□

3. 检测快充 CAN 通信线路（表 1-3-7）

表 1-3-7　　检测快充 CAN 通信线路

检测项目	作业要领	检测结果	维修建议	完成情况
快充接口 S+ 针脚与 S- 针脚之间的阻值		标准值：		完成□ 未完成□
快充接口 S+ 针脚与低压线束接插件 S+ 之间的阻值		标准值：		完成□ 未完成□
快充接口 S- 针脚与低压线束接插件 S- 之间的阻值		标准值：		完成□ 未完成□

4. 检测快充唤醒继电器（表 1-3-8）

表 1-3-8　　检测快充唤醒继电器

检测项目	作业要领	检测结果	维修建议	完成情况
快充唤醒继电器控制电路		标准值：		完成□ 未完成□
快充唤醒继电器供电电路		标准值：		完成□ 未完成□

续表

检测项目	作业要领	检测结果	维修建议	完成情况
快充唤醒继电器控制电路唤醒输出		标准值：		完成□ 未完成□
快充唤醒继电器控制线圈阻值		标准值：		完成□ 未完成□

五、交付验收

1. 操作功能验证

实际进行充电系统相关操作，验证故障现象是否消失，并记录操作过程中遇到的问题。

2. 仪表显示检查

检查仪表显示是否正常。

完成上述检查后，填写验收记录（表 1–3–9）。

表 1–3–9　　验收记录

序号	项目	标准	自检	小组长检验
1	故障码	无		
2	数据流	正常		
3	设备整理	齐全、完整		
4	场地清洁	符合 7S 标准		

学习活动 4　工作总结与评价

学习目标

1. 能以小组形式对学习过程和成果用展板等形式进行汇报总结。

2. 能在教师指导下完成对学习过程的综合评价。

3. 能根据实际情况任选一款车型，描述该车型充电系统的结构、原理及主要部件的检修方法。

建议学时

6 学时。

学习过程

一、工作总结

以小组为单位，选择演示文稿、展板、海报、视频等形式中的一种或几种，向全班展示、汇报学习成果。

二、综合评价

针对本任务的学习情况，根据表 1–4–1 所列综合评价标准进行评分。

表 1-4-1　　综合评价标准

<table>
<tr><td colspan="5">新能源汽车无法充电故障诊断与排除</td><td colspan="3">日期：</td></tr>
<tr><td colspan="3">姓名：</td><td colspan="2">学号：</td><td colspan="3">班级：</td></tr>
<tr><td>序号</td><td>评价项目</td><td>评价内容及标准</td><td>配分 / 分</td><td>评分要求</td><td>自评</td><td>互评</td><td>师评</td></tr>
<tr><td>1</td><td>工作组织与管理</td><td>□能进行有效沟通和团队协作
□能及时检查工作进展和效果，保证高质量完成工作
□能及时处理工作中遇到的问题，提出创新性、可行性建议，提高客户满意度</td><td>15</td><td>未完成 1 项扣 5 分，扣分不得超过 15 分</td><td></td><td></td><td></td></tr>
<tr><td>2</td><td>安全与防护</td><td>□能规范进行工位 7S 操作
□能规范进行设备和工具的安全检查
□能规范进行车辆安全防护操作
□能规范进行工具清洁、校准和存放操作
□能规范进行三不落地（包括工量器具、设备及零部件、油污）操作</td><td>15</td><td>未完成 1 项扣 3 分，扣分不得超过 15 分</td><td></td><td></td><td></td></tr>
<tr><td>3</td><td>工具使用</td><td>□能正确选用维修工具和检测工具
□能正确使用维修工具进行拆装
□能正确使用检测工具进行线路和零部件参数检测</td><td>5</td><td>未完成 1 项扣 2 分，扣分不得超过 5 分</td><td></td><td></td><td></td></tr>
<tr><td>4</td><td>资料收集与使用</td><td>□能正确使用维修手册查询资料
□能正确使用用户手册查询资料
□能在规定时间内查询所需资料
□能正确记录所查询资料的章节和页码
□能正确记录所需维修信息</td><td>5</td><td>未完成 1 项扣 1 分，扣分不得超过 5 分</td><td></td><td></td><td></td></tr>
<tr><td>5</td><td>故障诊断</td><td>□能正确使用诊断仪检测数据流及故障码
□能判断控制模块工作是否正常
□能正确分析电路
□能判断系统数据流是否正常</td><td>20</td><td>未完成 1 项扣 5 分，扣分不得超过 20 分</td><td></td><td></td><td></td></tr>
<tr><td>6</td><td>故障检修</td><td>□能正确进行车辆充电操作
□能正确拆卸充电口、充电座
□能正确检测低压辅助电源供电线路，快充低压线束接插件 CC1、CC2 信号线路，以及 CAN 通信线路的主要参数
□能正确检测快充唤醒继电器的主要参数
□能正确完成新能源汽车无法充电故障的交付验收</td><td>35</td><td>未完成 1 项扣 7 分，扣分不得超过 35 分</td><td></td><td></td><td></td></tr>
<tr><td>7</td><td>报告撰写</td><td>□字迹清晰
□语句通顺
□无错别字
□无涂改
□无抄袭</td><td>5</td><td>不符合要求 1 项扣 1 分，扣分不得超过 5 分</td><td></td><td></td><td></td></tr>
<tr><td colspan="3">总分</td><td>100</td><td>得分</td><td></td><td></td><td></td></tr>
<tr><td rowspan="2">总评</td><td colspan="2" rowspan="2">自我评价 ×20%+ 小组评价 ×20%+ 教师评价 ×60%</td><td colspan="2">综合得分</td><td colspan="3" rowspan="2">教师（签名）：</td></tr>
<tr><td colspan="2"></td></tr>
</table>

拓展学习

1. 根据实际情况选择一种车型，简述该车型充电系统的结构组成和原理。

2. 根据所选车型充电系统的特点，完成表 1–4–2。

表 1–4–2　　________车型充电系统零部件的拆卸与检查

序号	充电系统零部件	拆卸步骤及注意事项	检测项目

学习任务二　新能源汽车无法行驶故障诊断与排除

学习目标

1. 能描述高压系统中电力驱动系统、高压电控总成、动力蓄电池系统和 CAN 总线系统故障时的检测要点，并根据接车问诊单，明确故障现象、检修要求及工时等内容。

2. 能通过查阅资料，获取新能源汽车无法行驶故障的原因和处理方法，明确高压断电流程。

3. 能根据故障检修要求，通过小组讨论，制订合理的检修方案。

4. 能根据故障检修要求，领取相关物料，并检查其好坏。

5. 能根据故障检修要求，进行高压系统故障的初步诊断，完成高压系统中电力驱动系统、高压电控总成、动力蓄电池系统和 CAN 总线系统的检修，并交付验收。

6. 能对维修场地的相关设备进行日常维护与保养，按 7S 管理规定清理现场。

7. 能对相关资料、互联网资源进行检索，独立完成维修工单、工作页的填写。

8. 能展示工作成果，进行任务评价，总结工作经验。

9. 能在作业过程中严格执行企业操作规范、安全生产制度和环保管理制度，严格遵守从业人员的职业道德，具有吃苦耐劳、爱岗敬业的工作态度和职业责任感。

建议学时

40 学时

工作情境描述

某车主反映，其驾驶的北汽新能源 EU5（R550）汽车组合仪表中多个警告灯点亮，车辆可以 READY，但无法行驶。车主将汽车送厂维修，维修技师验证故障现象后，通过观察仪表显示，读取车辆数据并结合以往维修经验初步判断是高压系统 PEU 出现故障，要求汽车维修人员在 1 h 内对电力驱动系统、高压电控总成、动力蓄电池系统、CAN 总线系统和控制线路（元件）等项目进行检查和分析，确定故障部位并排除故障，完成后交付验收。

1. 明确工作任务（8 学时）
2. 工作准备与计划制订（10 学时）
3. 故障排除与交付（16 学时）
4. 工作总结与评价（6 学时）

学习任务二　新能源汽车无法行驶故障诊断与排除

- 学习活动1　明确工作任务
  - 明确新能源汽车无法行驶故障检修任务
  - 故障复现
    - 故障现象记录
    - 仪表或显示屏提示信息记录
  - 认识新能源汽车高压系统
    - 电力驱动系统
    - 高压电控总成
    - 动力蓄电池系统
    - CAN总线系统
- 学习活动2　工作准备与计划制订
  - 获取新能源汽车无法行驶故障的原因及处理方法
  - 制订检修方案
  - 高压断电流程
- 学习活动3　故障排除与交付
  - 物料准备
  - 安全检查与防护
  - 初步诊断
    - 检查仪表盘显示
    - 检查部件及接插件
    - 用诊断仪读取故障码及数据流
  - 检修实施
  - 交付验收
    - 操作功能验证
    - 仪表显示检查
- 学习活动4　工作总结与评价
  - 工作总结
  - 综合评价

学习活动 1　明确工作任务

学习目标

1. 能通过与客户沟通，准确填写接车问诊单，确认故障车辆的基本信息和检修要求。

2. 能正确进行故障复现并准确记录故障现象和仪表、显示屏提示信息。

3. 能描述高压系统中电力驱动系统、高压电控总成、动力蓄电池系统和 CAN 总线系统故障时的检测要点。

建议学时

8 学时。

学习过程

一、明确新能源汽车无法行驶故障检修任务

维修人员从维修主管处领取接车问诊单（表 2–1–1），与客户进行沟通，获取车辆型号、故障现象及故障时间等信息，正确填写接车问诊单，初步确认本次工作的基本内容。

表 2–1–1　　接车问诊单

北汽新能源售后服务环检问诊单				经销商代码：	
客户姓名		车牌号		里程数	km
联系电话		VIN		进店时间	时　分
车型		颜色		预约客户	□是　□否
是否环检	□是　□否	维修类别	□保养　□机修 □钣喷　□其他	是否洗车	□是　□否

续表

<table>
<tr><td colspan="2">客户描述</td><td colspan="2">初步诊断</td></tr>
<tr><td rowspan="6">问诊</td><td colspan="3">1. 发生的时间：□突然　□（　）天前　□（　）月前　□其他</td></tr>
<tr><td colspan="3">2. 症状出现频率：□经常　□偶尔　□____日 / 周 / 月____次</td></tr>
<tr><td colspan="3">3. 工作状态：□冷机　□热机　□启动时挡位（　）　□空调开 / 关　□其他（　）</td></tr>
<tr><td colspan="3">4. 何时发生：□发动　□怠速　□起步　□行驶　□加 / 减速　□转弯　□倒车　□其他</td></tr>
<tr><td colspan="3">5. 道路状况：□高速路　□国道　□城市道路　□坡道　□颠簸路　□其他</td></tr>
<tr><td colspan="3">6. 天气状况：□晴天　□雨天　□阴天　□其他</td></tr>
<tr><td rowspan="14">车辆环检</td><td colspan="3">功能及物品确认</td></tr>
<tr><td>油 / 液</td><td>□缺　□滴　□其他</td><td rowspan="13"></td></tr>
<tr><td>外部灯光</td><td>□缺　□滴　□其他</td></tr>
<tr><td>内部灯光</td><td>□缺　□滴　□其他</td></tr>
<tr><td>玻璃升降</td><td>□缺　□滴　□其他</td></tr>
<tr><td>中央门锁</td><td>□缺　□滴　□其他</td></tr>
<tr><td>空调系统</td><td>□缺　□滴　□其他</td></tr>
<tr><td>音响系统</td><td>□缺　□滴　□其他</td></tr>
<tr><td>点烟器</td><td>□缺　□滴　□其他</td></tr>
<tr><td>备胎</td><td>□缺　□滴　□其他</td></tr>
<tr><td>随车工具</td><td>□缺　□滴　□其他</td></tr>
<tr><td>SOC 位置</td><td>1/2　Empty　Full</td></tr>
<tr><td>车身外观确认</td><td>□完好　□划伤　□损坏</td></tr>
<tr><td></td><td></td></tr>
<tr><td>其他事项</td><td colspan="3"></td></tr>
<tr><td colspan="4">1. 本人同意贵公司检查以上项目。2. 维修完成后，客户凭此单取车，请妥善保管。
客户：　　　　日期：　　　　服务顾问：　　　　日期：</td></tr>
<tr><td colspan="4">此单一式两联，服务顾问和客户各持一联</td></tr>
</table>

二、故障复现

说明：故障复现是非常重要的环节，是确认车辆真实故障的体现，要求学生能进行车辆正确的操作，必要时需进行试车，所以要求有驾驶执照。

方法：

学生在教师的指导下对汽车进行上电和行驶操作，结合客户的表述，记录车辆故障现象及仪表、显示屏提示信息。

1. 故障现象记录

____

____

____

2. 仪表或显示屏提示信息记录

____

____

____

三、认识新能源汽车高压系统

1. 电力驱动系统

图 2–1–1 所示为电力驱动系统结构示意图。

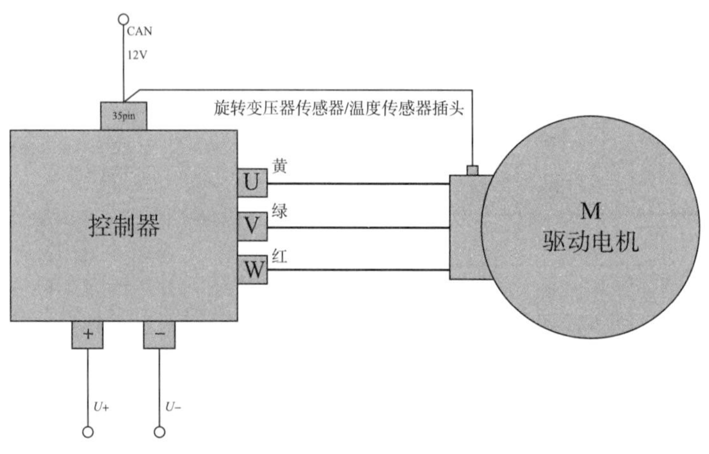

图 2–1–1 电力驱动系统结构示意图

图 2–1–2 和图 2–1–3 所示分别为旋转变压器原理简图及实物图。旋转变压器安装在驱动电机尾端盖中，由定子和转子两部分构成，其中旋转变压器的励磁绕组 R（1 个）与输出绕组 S（2 个）均在定子槽内，椭圆形转子随驱动电机轴旋转，控制器通过输出绕组 S 的信号即可判定驱动电机的转速、转向等，从而控制其输出转矩。

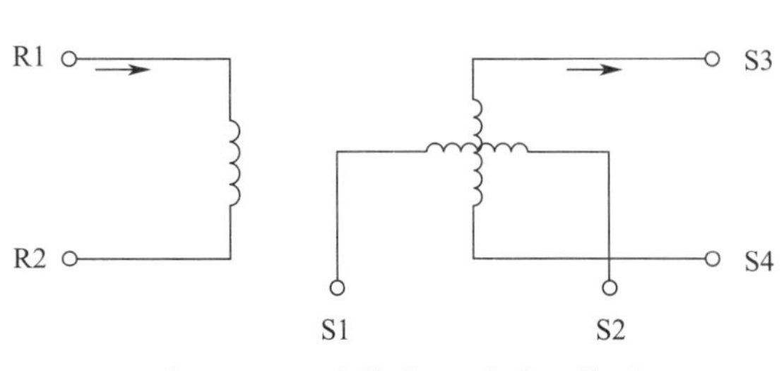

图 2–1–2 旋转变压器原理简图

图 2–1–3 旋转变压器实物图

旋转变压器绕组故障时，可能造成车辆无法行驶。表 2–1–2 为驱动电机旋转变压器绕组参考阻值。

表 2–1–2　　驱动电机旋转变压器绕组参考阻值

序号	驱动电机旋转变压器绕组名称	针脚位置	参考值
1	励磁绕组（R1–R2）	旋转变压器（PEU 内部）插头 1、8 针脚	（18 ± 3）Ω
2	余弦绕组（S3–S4）	旋转变压器（PEU 内部）插头 2、9 针脚	（35 ± 3）Ω
3	正弦绕组（S1–S2）	旋转变压器（PEU 内部）插头 3、10 针脚	（36 ± 3）Ω

2. 高压电控总成

高压电控总成即 PEU 电控单元，是集成式高压控制系统，它将原来分体式高压控制系统的____________、____________、______________、__________________四个模块集成在一起。图 2–1–4 所示为 PEU 电控单元结构示意图。

图 2–1–4　PEU 电控单元结构示意图

PEU 低压供电欠压时，应主要对其哪些方面进行检修?

3. 动力蓄电池系统

动力蓄电池系统主要由动力蓄电池模组、电池管理系统、动力蓄电池箱以及辅助元器件四部分组成。

（1）图 2–1–5 所示为动力蓄电池系统发展示意图。传统动力蓄电池系统是由________、________、________组成的，并安装在汽车________上。目前主流的电芯集成是______，即将电芯集成在电池包上，再将电池包安装在汽车底盘上，生产简易，通用性强。最新的电池组装技术为________，是________的进一步延伸，其核心在于省去模组、打包过程，将电芯直接集成到汽车底盘上，实现更高程度的集成化。

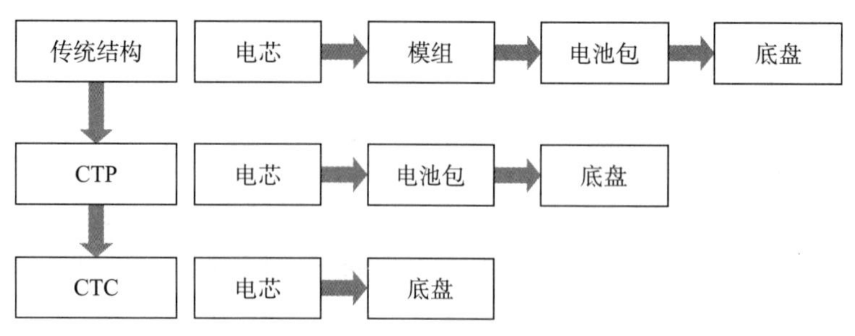

图 2-1-5 动力蓄电池系统发展示意图

（2）电池管理系统（BMS）与高压电控总成通过__________传输数据。

（3）动力蓄电池输出电压异常时，应主要对电池管理系统的哪些方面进行检修？

4. CAN 总线系统

图 2-1-6 所示为 EU5 车型 CAN 总线拓扑图，表 2-1-3 给出了 CAN 总线拓扑图中各代码的定义。

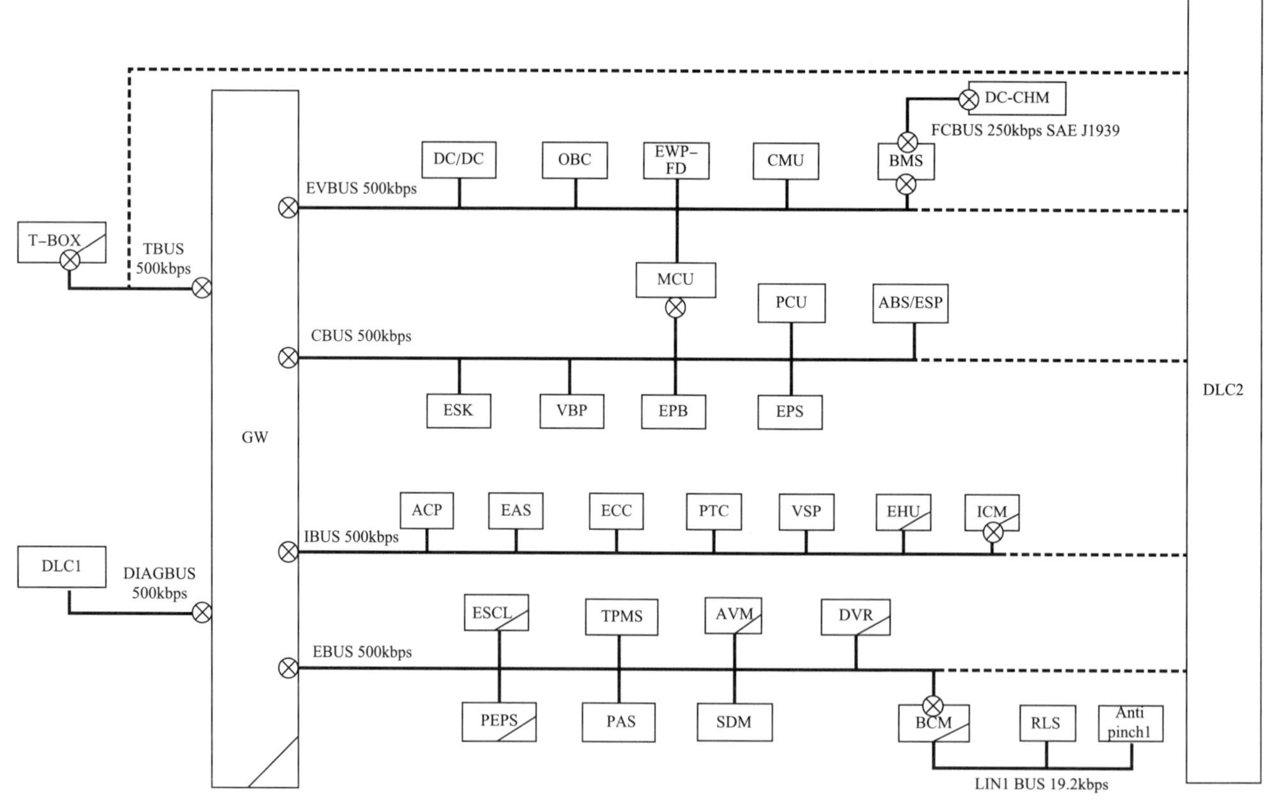

图 2-1-6 EU5 车型 CAN 总线拓扑图①

① “⊗”表示此位置安装有终端电阻。

表 2-1-3　　CAN 总线拓扑图中各代码的定义

代码	定义	代码	定义
BCM	车身控制器	PAS	泊车辅助雷达控制器
AVM	全景影像系统控制器	LIN1BUS	LIN 总线网络
RLS	雨量及阳光传感器	VBP	真空泵控制器
ESK	挡位控制器	PCU	P 挡控制器
MCU	驱动电机控制器	EPB	电子驻车制动控制器
ABS	防抱死制动系统控制器	BMS	电池管理系统控制器
FCBUS	快速充电网络	TBUS	远程监控网络
DC-CHM	快速充电系统	DIAGBUS	诊断网络
T-BOX	智能远程控制终端	DLC1	OBD 诊断接口
EVBUS	能量域	GW	网关控制器
DC/DC	直流转换控制器	CMU	充电管理控制器
BOBC	双向充电机控制器	OBC	车载充电机控制器
DLC2	调试用诊断接口	EWP-FD	电子水泵控制器
CBUS	底盘域	EPS	电动助力转向控制器
IBUS	信息域	ICM	仪表控制器
EHU	中控信息娱乐控制器	VSP	低速行人提醒控制器
ECC	电子温控控制器	PTC	电加热控制器
EAS	电动压缩机控制器	ACP	空调面板控制器
Anti-pinch1	车窗防夹模块	EBUS	车身域
PEPS	被动进入及一键启动控制器	ESCL	电子转向柱锁控制器
TPMS	胎压监测控制器	SDM	安全气囊控制器
DVR	行车记录仪		

（1）可以看到图中一共有哪些 CAN 总线？分别连接着哪些设备？

（2）CAN 总线通信出现故障，主要应对其哪些方面进行检修？

学习活动 2　工作准备与计划制订

学习目标

1. 能正确分析新能源汽车无法行驶的原因，给出可行的处理方法。

2. 能根据故障检修要求，通过小组讨论，制订合理的检修方案。

3. 能描述高压断电流程。

建议学时

10 学时。

学习过程

一、获取新能源汽车无法行驶故障的原因及处理方法

结合新能源车型高压系统电路图，根据故障现象和已有维修信息，分析新能源汽车无法行驶可能的故障原因及处理方法，并填写表 2–2–1。

表 2–2–1　　新能源汽车无法行驶的故障现象、故障原因及处理方法

故障现象	故障原因	处理方法

续表

故障现象	故障原因	处理方法

二、制订检修方案

根据新能源汽车无法行驶故障的检修要求，进行小组讨论，制订检修方案。

1. 根据具体工作内容，明确小组成员分工，填写表 2–2–2。

表 2–2–2　　小组成员分工

姓名	分工

2. 根据要求列出检修所需主要工具及材料清单，填写表 2–2–3。

表 2–2–3　　检修所需主要工具及材料清单

序号	工具及材料名称	规格	数量	备注

续表

序号	工具及材料名称	规格	数量	备注

3. 根据小组分工情况及客户要求，制订具体的检修工序，填写表 2–2–4。

表 2–2–4　检修工序安排

序号	检修工序内容	备注

制订检修方案之后，需要对方案内容进行可行性评估，并对实施地点、准备工作、检修过程等细节进行探讨分析，以保证后续检修安全、可靠地执行。以小组为单位就以上问题进行讨论，并根据讨论结果完善检修方案，记录主要修改内容。

三、高压断电流程

车辆高压断电是指在维修新能源汽车时，将高压系统的电源与高压用电器完全断开，并确认整车及高压电气部件完全不存在有害电压的过程。车辆断电分为以下几个步骤：

1. 操作前检查、维修人员应佩戴好____________，观察车辆状态。

2. 断电后关掉____________，切断 12 V 低压蓄电池____极搭铁线，按规定拆除高压电池组上的______

______。

3. 将智能钥匙控制在探测范围以外并由相关人员管理好，将拆下的维修开关由相关负责人进行管理并用__________锁住，用__________包裹住被断开的高压线路及连接器。

4. 等待______分钟或更长的时间，测量电动汽车输入和输出线的电压，确认无电压后方可接触电路元器件。

5. 确保____________后进行维修工作。

学习活动 3　故障排除与交付

学习目标

1. 能根据故障检修要求，领取相关物料，并检查其好坏。

2. 能正确进行检修前的安全检查和防护工作。

3. 能通过检查高压系统仪表盘显示、部件及接插件状态，用诊断仪读取故障码及数据流，确定故障部位。

4. 能根据维修手册的要求，完成高压系统中电力驱动系统、高压电控总成、动力蓄电池系统和 CAN 总线系统的检修。

5. 能正确进行高压系统操作功能验证和仪表显示检查，完成验收。

建议学时

16 学时。

学习过程

一、物料准备

根据新能源汽车无法行驶故障检修流程的要求，在组长的带领下，就物料的名称、数量和型号进行核对，填写维修配件、材料领用单（表 2–3–1），为物料领取提供凭证。

表 2-3-1 维修配件、材料领用单

维修项目	工时费	材料费			
		配件、材料名称	数量	单价	总价
工时费总价		材料费总价			
维修技师：		领用日期：			

二、安全检查与防护

在诊断与排除新能源汽车无法行驶故障之前，要做好安全检查与防护，并记录检查与防护要点。

三、初步诊断

初步诊断主要包括检查仪表盘显示是否正常，检查部件及接插件是否破损、有无弯曲变形、连接是否松动等，用诊断仪读取故障码及数据流三方面内容。

1. 检查仪表盘显示

记录仪表盘显示的故障信息，如闪亮的故障灯、文字信息提示，并说明其含义。

2. 检查部件及接插件

检查 PEU 系统相关部件及接插件连接处是否对插到位，有无松动、破损、腐蚀等问题，若未达到要求则修复或更换。图 2-3-1 所示为 PEU 外部线束示意图，图 2-3-2 所示为驱动电机 U/V/W 三相高压线束固定螺栓。

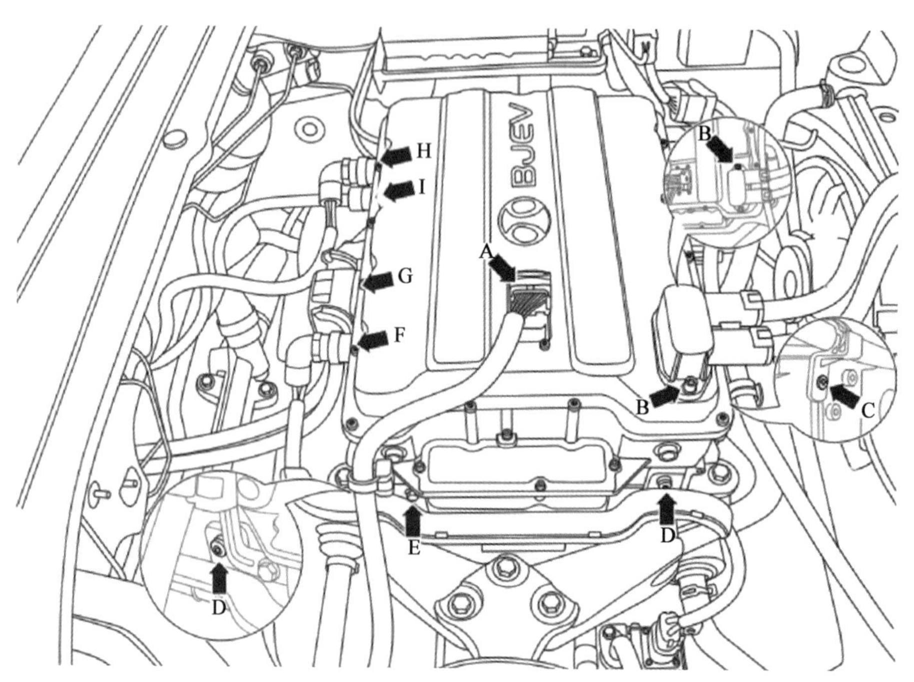

图 2-3-1 PEU 外部线束示意图

A—低压连接插头 B—快充线束高压插头固定螺栓 C—通气管支架固定螺栓 D—压缩机高压线束支架固定螺栓 E—PEU 低压线束支架固定螺栓 F—压缩机高压线束连接插头 G—锂离子动力蓄电池系统正负极连接插头 H—PTC 连接插头 I—慢充线束连接插头

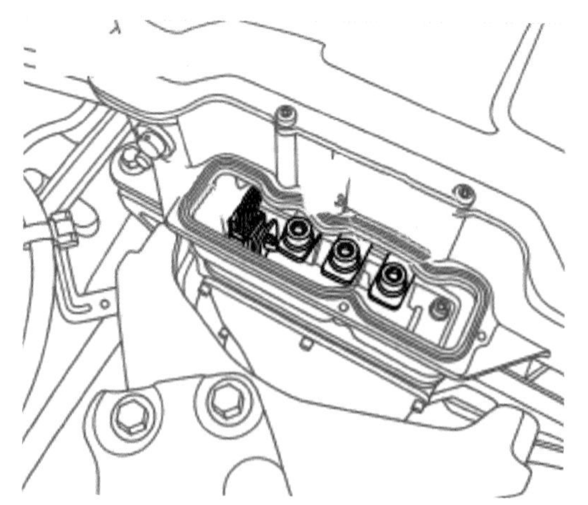

图 2-3-2 驱动电机 U/V/W 三相高压线束固定螺栓

完成上述检查后填写表 2-3-2。

表 2-3-2　　部件及接插件诊断记录表

序号	项目	诊断结果	维修建议
1	低压连接插头		
2	快充线束高压插头固定螺栓		
3	通气管支架固定螺栓		
4	压缩机高压线束支架固定螺栓		
5	PEU 低压线束支架固定螺栓		
6	压缩机高压线束连接插头		
7	锂离子动力蓄电池系统正负极连接插头		
8	PTC 连接插头		
9	慢充线束连接插头		
10	驱动电机 U/V/W 三相高压线束固定螺栓		

3. 用诊断仪读取故障码及数据流

用诊断仪读取故障码及数据流，并填写故障码及数据流诊断记录表（表 2-3-3）。

表 2-3-3　　故障码及数据流诊断记录表

序号	项目	诊断结果	维修建议
1	故障码		
2	数据流		

四、检修实施

1. 根据维修手册作业要求进行检修，完成表 2-3-4。

表 2-3-4　　检修步骤

序号	图示	作业要领	完成情况
1	—	检查辅助（低压）蓄电池（下同）充电线路是否正常，接线柱是否有松动、锈蚀等 – 是　维修故障导线，紧固或清洁接线柱 – 否　进行第 2 步	完成□ 未完成□

续表

序号	图示	作业要领	完成情况
2	—	检查蓄电池电压是否在正常范围内 －是　进行第 3 步 －否　检修或更换蓄电池	完成□ 未完成□
3	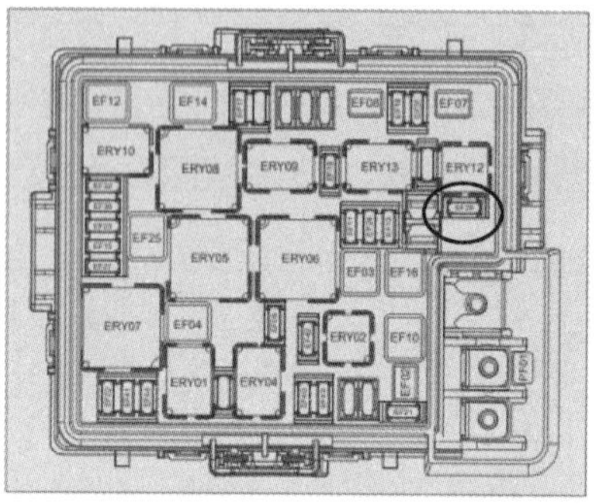	检查前舱电器盒熔断器 EF28（PEU 10 A）是否熔断 －是　更换熔丝 －否　进行第 4 步	完成□ 未完成□
4	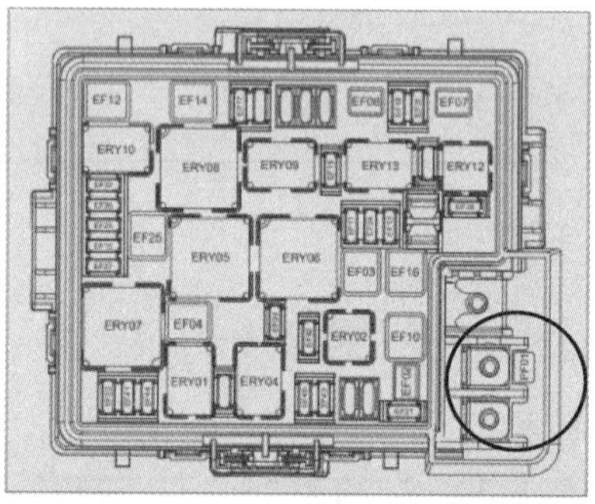	检查前舱电器盒熔断器 PF01（PEU 175 A）是否熔断 －是　更换熔丝 －否　进行第 5 步	完成□ 未完成□
5	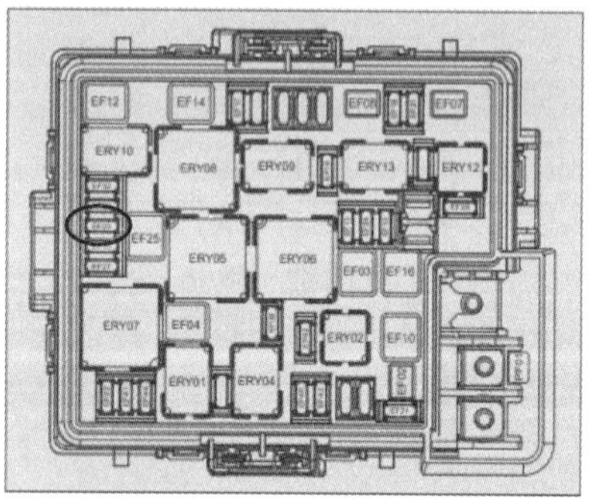	检查前舱电器盒熔断器 EF23（BMS 10 A）是否熔断 －是　更换熔丝 －否　进行第 6 步	完成□ 未完成□
6	—	检查 DC/DC 输出电压是否正常。DC/DC 输出电压范围：（14 ± 0.25）V －是　进行第 7 步 －否　检修或更换 PEU	完成□ 未完成□
7	—	断开蓄电池负极电缆，检查高压接插件连接是否正常 －是　进行第 8 步 －否　重新连接	完成□ 未完成□

续表

序号	图示	作业要领	完成情况
8		测量驱动电机旋转变压器励磁绕组阻值［测量位置：旋转变压器（PEU 内部）插头 1、8 针脚］ 测量值______Ω 判断：正常□ 不正常□	完成□ 未完成□
		测量驱动电机旋转变压器余弦绕组阻值［测量位置：旋转变压器（PEU 内部）插头 2、9 针脚］ 测量值______Ω 判断：正常□ 不正常□	完成□ 未完成□
		测量驱动电机旋转变压器正弦绕组阻值［测量位置：旋转变压器（PEU 内部）插头 3、10 针脚］ 测量值______Ω 判断：正常□ 不正常□ – 全部正常　进行第 9 步 – 否　更换电动机	完成□ 未完成□
9	—	断开电池管理系统连接插头（U19）T28，检查电池管理系统插头（U19）T28 是否有裂痕，针脚是否腐蚀、生锈 – 是　清洁插头及针脚 – 否　进行第 10 步	完成□ 未完成□
10		测量电池管理系统插头（U19）T28/A、T28/F 针脚与车身接地之间的电压是否为蓄电池电压 – 是　进行第 11 步 – 否　维修故障导线	完成□ 未完成□

续表

序号	图示	作业要领	完成情况
11	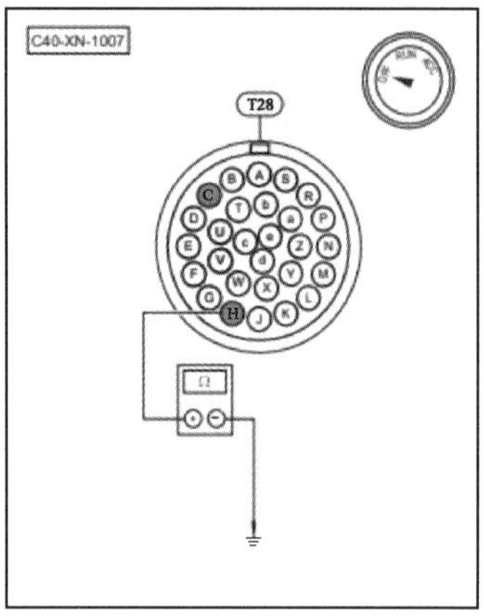C40-XN-1007 T28	测量电池管理系统插头（U19）T28/C、T28/H针脚与车身接地之间的导线是否连通 －是　进行第12步 －否　维修故障导线	完成□ 未完成□
12	—	断开高压驱动集成单元连接插头（U22）T48，检查高压驱动集成单元插头（U22）T48是否有裂痕，针脚是否腐蚀、生锈 －是　清洁插头及针脚 －否　进行第13步	完成□ 未完成□
13	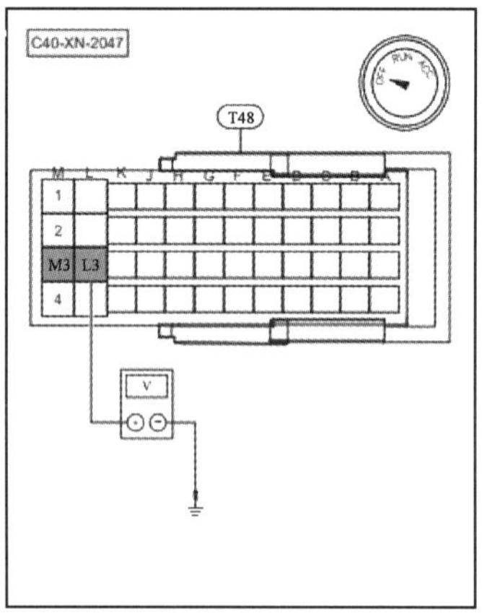C40-XN-2047 T48 M3 L3 V	测量PEU插头（U22）T48/M3、L3针脚与车身接地之间的电压是否为蓄电池电压 －是　进行第14步 －否　维修故障导线	完成□ 未完成□
14	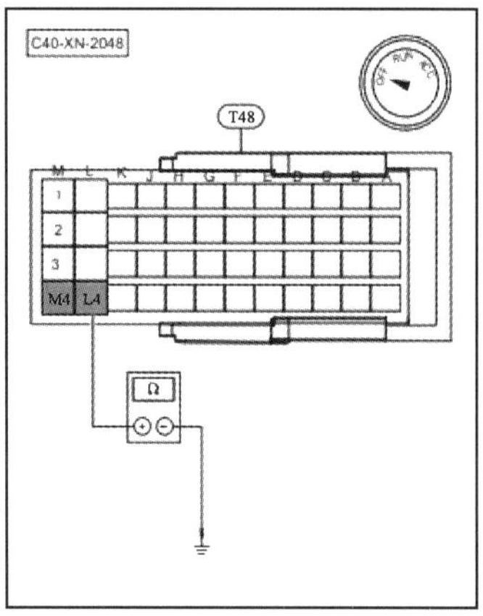C40-XN-2048 T48 M4 L4	测量PEU插头（U22）T48/M4、L4针脚与车身接地之间的导线是否连通 －是　进行第15步 －否　维修故障导线	完成□ 未完成□

续表

序号	图示	作业要领	完成情况
15	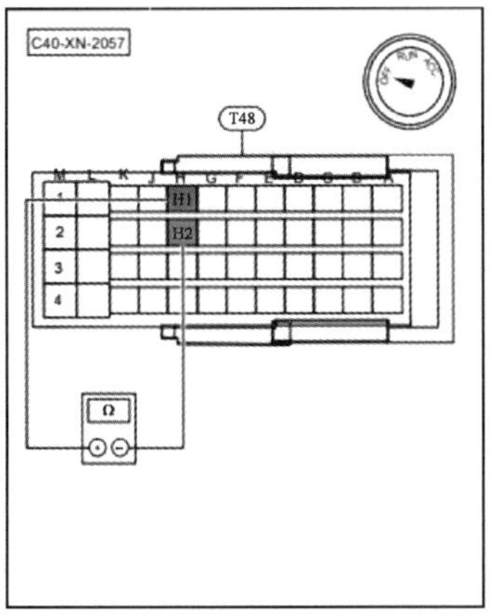 C40-XN-2057 T48 H1 H2	测量高压驱动集成单元插头（U22）T48/H1 与 T48/H2 针脚之间的电阻是否正常 参考阻值：约 60 Ω －是　进行第 16 步 －否　进行第 17 步	完成□ 未完成□
16	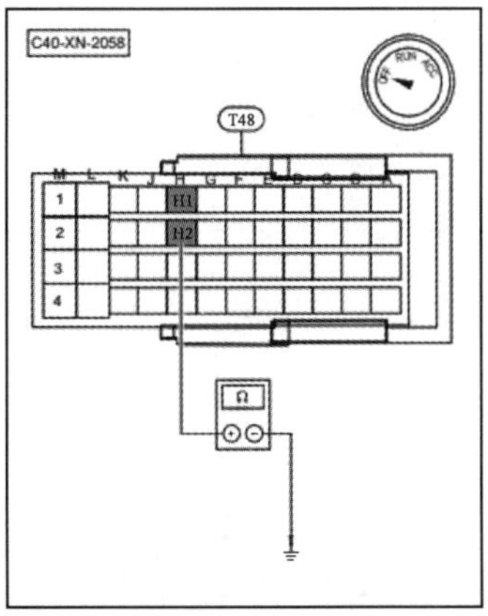 C40-XN-2058 T48 H1 H2	测量高压驱动集成单元插头（U22）T48/H1、T48/H2 针脚与车身接地之间是否出现短路情况 －是　维修故障导线 －否　进行第 17 步	完成□ 未完成□
17	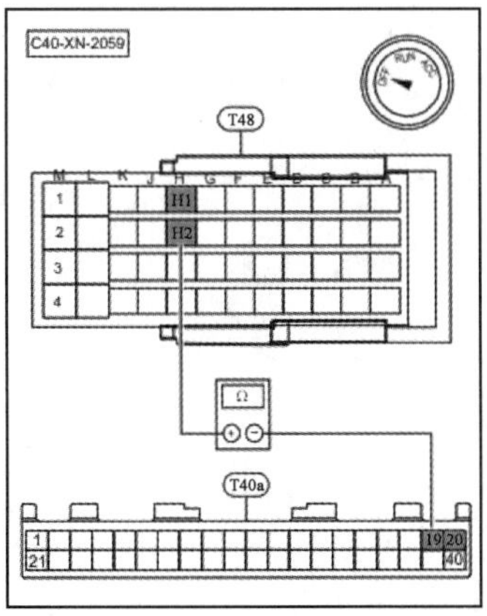 C40-XN-2059 T48 H1 H2 T40a 1 21 19 20 40	断开网关连接插头（I45）T40a，测量高压驱动集成单元插头（U22）T48/H1、T48/H2 针脚与网关插头（I45）T40a/20、T40a/19 之间的导线是否连通 －是　进行第 18 步 －否　维修故障导线	完成□ 未完成□

续表

序号	图示	作业要领	完成情况
18	C40-XN-2060 T32a T40a	断开组合仪表连接插头（I15）T32a，测量组合仪表插头（I15）T32a/23、T32a/24针脚与网关插头（I45）T40a/18、T40a/17之间的导线是否连通 –是　进行第19步 –否　维修故障导线	完成□ 未完成□
19	—	检修或更换PEU，重新进行诊断，读取故障码，确认故障码及症状是否存在 –是　从其他症状查找原因 –否　故障排除	完成□ 未完成□

2. 根据步骤1的检测结果，如需要更换PEU总成，根据维修手册作业要求（表2–3–5）完成PEU总成的更换。如不需要更换PEU，则跳过本步骤。

表2–3–5　　更换PEU总成

序号	图示	作业要领	完成情况
1	—	断开蓄电池负极电缆 进行高压下电操作并进行检验	完成□ 未完成□
2	—	排放冷却液	完成□ 未完成□
3	—	拆卸前机舱装饰板总成	完成□ 未完成□
4	1 1–DC/DC正极线束橡胶护套	脱开DC/DC正极线束橡胶护套	完成□ 未完成□

续表

序号	图示	作业要领	完成情况
5	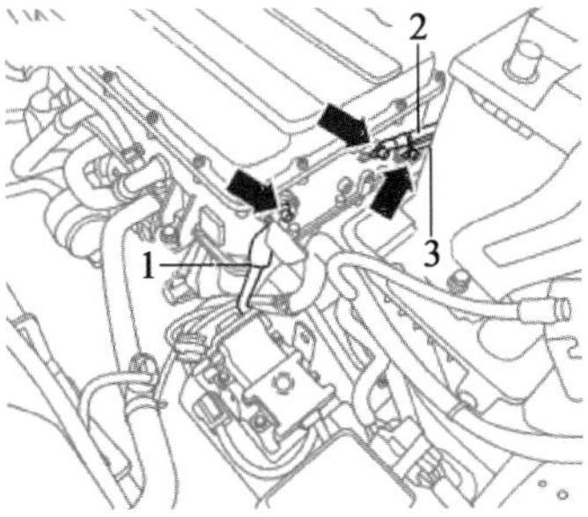 1-DC/DC 正极线束　2、3-DC/DC 负极线束	旋出固定螺栓（箭头处），移开 DC/DC 正、负极线束	完成□ 未完成□
6	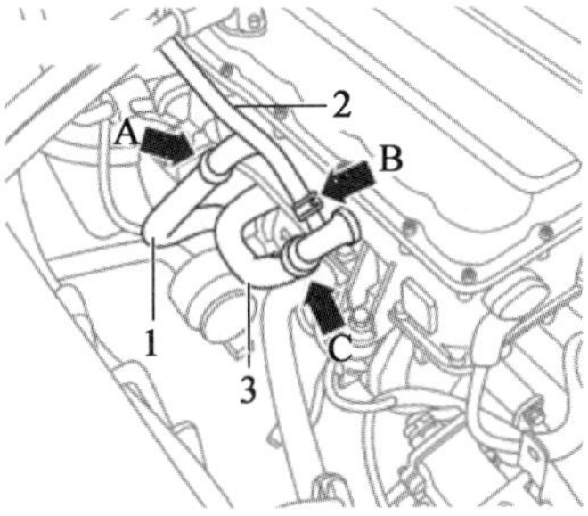 A、B、C-卡箍　1-PEU 进水管　2-通气管　3-PEU 回水管	松开卡箍（A），脱开 PEU 进水管；松开卡箍（B），脱开通气管；松开卡箍（C），脱开 PEU 回水管	完成□ 未完成□
7	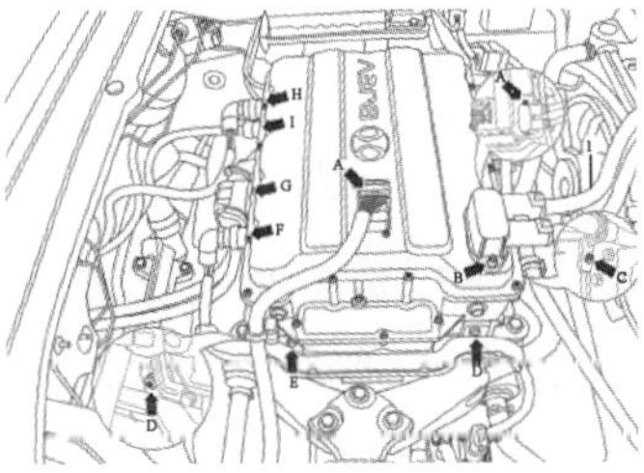 A-低压连接插头　B-快充线束高压插头固定螺栓　C-通气管支架固定螺栓　D-压缩机高压线束支架固定螺栓　E-PEU 低压线束支架固定螺栓　F-压缩机高压线束连接插头　G-锂离子动力蓄电池系统正负极连接插头　H-PTC 连接插头　I-慢充线束连接插头　1-快充线束	解锁后，断开低压连接插头，旋出快充线束高压插头固定螺栓，移开快充线束；旋出通气管支架固定螺栓，移开通气管；旋出压缩机高压线束支架固定螺栓；脱开 PEU 低压线束支架固定螺栓 解锁后，依次断开压缩机高压线束连接插头、锂离子动力蓄电池系统正负极连接插头、PTC 连接插头、慢充线束连接插头	完成□ 未完成□
8	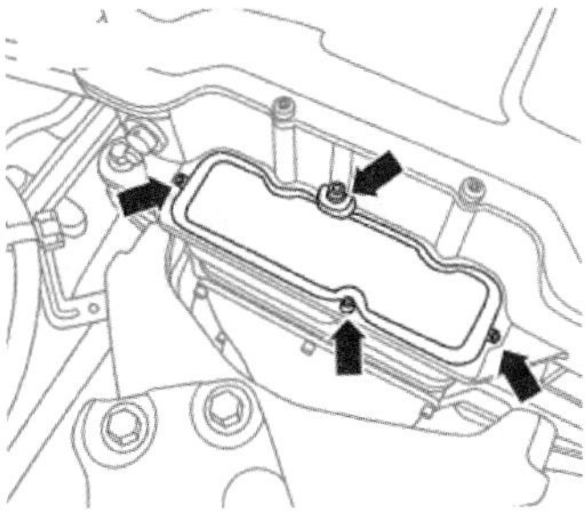	旋出固定螺栓，取下 U/V/W 三相高压线束盖板	完成□ 未完成□

续表

序号	图示	作业要领	完成情况
9	A B B B A- 旋转变压器连接插头 B-U/V/W 三相高压线束固定螺栓	断开旋转变压器连接插头，旋出 U/V/W 三相高压线束固定螺栓	完成□ 未完成□
10	1 1-PEU 总成	旋出固定螺栓（箭头处），拆下 PEU 总成	完成□ 未完成□
安装以倒序进行，同时注意下列事项：更换 PEU 总成后，按下“启动”按键，进行 PEU 总成配置，具体配置项目参照诊断仪提示进行操作，然后检测其功能			

五、交付验收

1. 操作功能验证

实际进行新能源汽车上电和行驶相关操作，验证故障现象是否消失，并记录操作过程中遇到的问题。

2. 仪表显示检查

检查仪表显示是否正常。

完成上述检查后，填写验收记录（表 2-3-6）。

表 2-3-6　　验收记录

序号	项目	标准	自检	小组长检验
1	故障码	无		
2	数据流	正常		
3	设备整理	齐全、完整		
4	场地清洁	符合 7S 标准		

学习活动 4　工作总结与评价

学习目标

1. 能以小组形式对学习过程和成果用展板等形式进行汇报总结。

2. 能在教师指导下完成对学习过程的综合评价。

3. 能根据实际情况任选一款车型，描述 PEU 系统的结构、原理及主要部件的检修方法。

建议学时

6 学时。

学习过程

一、工作总结

以小组为单位，选择演示文稿、展板、海报、视频等形式中的一种或几种，向全班展示、汇报学习成果。

二、综合评价

针对本任务的学习情况，根据表 2-4-1 所列综合评价标准进行评分。

表 2-4-1　综合评价标准

<table>
<tr><td colspan="7">新能源汽车无法行驶故障诊断与排除</td><td colspan="2">日期：</td></tr>
<tr><td colspan="3">姓名：</td><td colspan="4">学号：</td><td colspan="2">班级：</td></tr>
<tr><td>序号</td><td>评价项目</td><td>评价内容及标准</td><td>配分 / 分</td><td>评分要求</td><td>自评</td><td>互评</td><td>师评</td></tr>
<tr><td>1</td><td>工作组织与管理</td><td>□能进行有效沟通和团队协作
□能及时检查工作进展和效果，保证高质量完成工作
□能及时处理工作中遇到的问题，提出创新性、可行性建议，提高客户满意度</td><td>15</td><td>未完成 1 项扣 5 分，扣分不得超过 15 分</td><td></td><td></td><td></td></tr>
<tr><td>2</td><td>安全与防护</td><td>□能规范进行工位 7S 操作
□能规范进行设备和工具的安全检查
□能规范进行车辆安全防护操作
□能规范进行工具清洁、校准和存放操作
□能规范进行三不落地（包括工量器具、设备及零部件、油污）操作</td><td>15</td><td>未完成 1 项扣 3 分，扣分不得超过 15 分</td><td></td><td></td><td></td></tr>
<tr><td>3</td><td>工具使用</td><td>□能正确选用维修工具和检测工具
□能正确使用维修工具进行拆装
□能正确使用检测工具进行线路和零部件参数检测</td><td>5</td><td>未完成 1 项扣 2 分，扣分不得超过 5 分</td><td></td><td></td><td></td></tr>
<tr><td>4</td><td>资料收集与使用</td><td>□能正确使用维修手册查询资料
□能正确使用用户手册查询资料
□能在规定时间内查询所需资料
□能正确记录所查询资料的章节和页码
□能正确记录所需维修信息</td><td>5</td><td>未完成 1 项扣 1 分，扣分不得超过 5 分</td><td></td><td></td><td></td></tr>
<tr><td>5</td><td>故障诊断</td><td>□能正确使用诊断仪检测数据流及故障码
□能判断控制模块工作是否正常
□能正确分析电路
□能判断系统数据流是否正常</td><td>20</td><td>未完成 1 项扣 5 分，扣分不得超过 20 分</td><td></td><td></td><td></td></tr>
<tr><td>6</td><td>故障检修</td><td>□能正确拆卸 PEU 系统各接插件
□能正确完成新能源汽车无法行驶时电力驱动系统、高压电控系统、动力蓄电池系统和 CAN 总线系统故障的诊断和排除
□能正确完成新能源汽车无法行驶故障的交付验收</td><td>35</td><td>未完成 1 项扣 12 分，扣分不得超过 35 分</td><td></td><td></td><td></td></tr>
<tr><td>7</td><td>报告撰写</td><td>□字迹清晰
□语句通顺
□无错别字
□无涂改
□无抄袭</td><td>5</td><td>不符合要求 1 项扣 1 分，扣分不得超过 5 分</td><td></td><td></td><td></td></tr>
<tr><td colspan="3">总分</td><td>100</td><td>得分</td><td></td><td></td><td></td></tr>
<tr><td rowspan="2">总评</td><td rowspan="2" colspan="2">自我评价 ×20%+ 小组评价 ×20%+ 教师评价 ×60%</td><td colspan="2">综合得分</td><td rowspan="2" colspan="3">教师（签名）：</td></tr>
<tr><td colspan="2"></td></tr>
</table>

拓展学习

1. 根据实际情况选择一种车型，简述该车型 PEU 系统的结构组成和原理。

2. 根据所选车型 PEU 系统的特点，完成表 2–4–2。

表 2–4–2 ________车型 PEU 系统零部件的拆卸与检查

序号	PEU 系统零部件	拆卸步骤及注意事项	检测项目

学习任务三　新能源汽车动力蓄电池过热故障诊断与排除

学习目标

1. 能描述动力蓄电池热管理系统的定义、作用、组成、工作原理和冷却方式，动力蓄电池热管理的必要性、产生热量的主要因素及动力蓄电池冷却系统的控制策略，并根据接车问诊单，明确故障现象、检修要求及工时等内容。

2. 能通过查阅资料，获取动力蓄电池过热故障的原因和处理方法。

3. 能根据故障检修要求，通过小组讨论，制订合理的检修方案。

4. 能根据故障检修要求，领取相关物料，并检查其好坏。

5. 能根据故障检修要求，进行动力蓄电池过热故障的初步诊断，完成动力蓄电池热管理系统电路的检测及相关部件的更换，并交付验收。

6. 能对维修场地的相关设备进行日常维护与保养，按 7S 管理规定清理现场。

7. 能对相关资料、互联网资源进行检索，独立完成维修工单、工作页的填写。

8. 能展示工作成果，进行任务评价，总结工作经验。

9. 能在作业过程中严格执行企业操作规范、安全生产制度和环保管理制度，严格遵守从业人员的职业道德，具有吃苦耐劳、爱岗敬业的工作态度和职业责任感。

建议学时

40 学时

工作情境描述

某车主反映，其驾驶的北汽新能源汽车 EU5（R550）驱动功率限制警告灯点亮，车主将汽车送厂维修，维修技师验证故障现象后，通过观察仪表显示，读取车辆数据并结合以往维修经验初步判断是动力蓄电池故障，要求汽车维修人员在 1 h 内对系统相关控制模块接头、线束连接、故障码、数据流等项目进行检查和分析，确定故障部位并排除故障，完成后交付验收。

工作流程与活动

1. 明确工作任务（10 学时）
2. 工作准备与计划制订（6 学时）
3. 故障排除与交付（18 学时）
4. 工作总结与评价（6 学时）

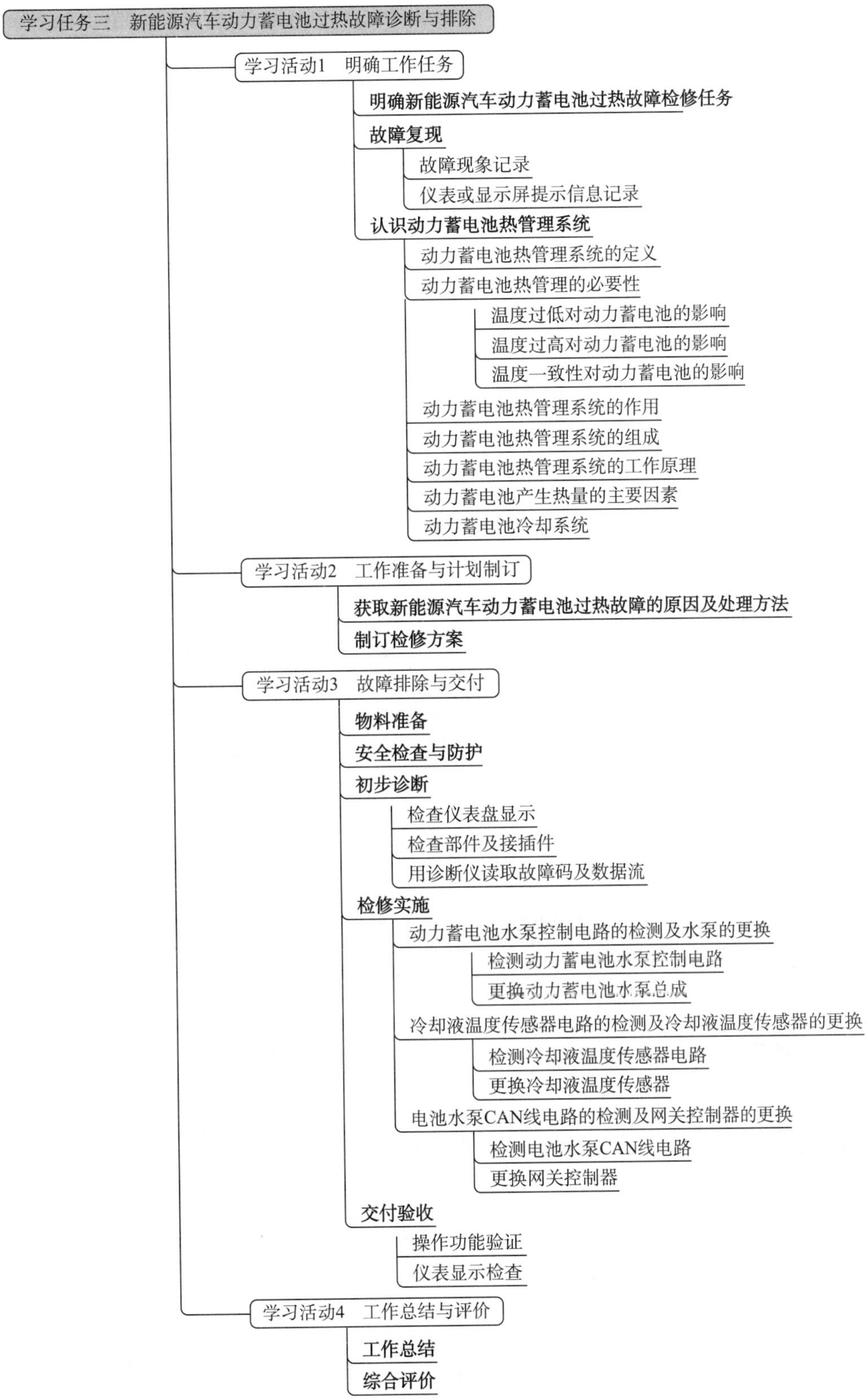

- 学习任务三　新能源汽车动力蓄电池过热故障诊断与排除
  - 学习活动1　明确工作任务
    - **明确新能源汽车动力蓄电池过热故障检修任务**
    - **故障复现**
      - 故障现象记录
      - 仪表或显示屏提示信息记录
    - **认识动力蓄电池热管理系统**
      - 动力蓄电池热管理系统的定义
      - 动力蓄电池热管理的必要性
        - 温度过低对动力蓄电池的影响
        - 温度过高对动力蓄电池的影响
        - 温度一致性对动力蓄电池的影响
      - 动力蓄电池热管理系统的作用
      - 动力蓄电池热管理系统的组成
      - 动力蓄电池热管理系统的工作原理
      - 动力蓄电池产生热量的主要因素
      - 动力蓄电池冷却系统
  - 学习活动2　工作准备与计划制订
    - **获取新能源汽车动力蓄电池过热故障的原因及处理方法**
    - **制订检修方案**
  - 学习活动3　故障排除与交付
    - **物料准备**
    - **安全检查与防护**
    - **初步诊断**
      - 检查仪表盘显示
      - 检查部件及接插件
      - 用诊断仪读取故障码及数据流
    - **检修实施**
      - 动力蓄电池水泵控制电路的检测及水泵的更换
        - 检测动力蓄电池水泵控制电路
        - 更换动力蓄电池水泵总成
      - 冷却液温度传感器电路的检测及冷却液温度传感器的更换
        - 检测冷却液温度传感器电路
        - 更换冷却液温度传感器
      - 电池水泵CAN线电路的检测及网关控制器的更换
        - 检测电池水泵CAN线电路
        - 更换网关控制器
    - **交付验收**
      - 操作功能验证
      - 仪表显示检查
  - 学习活动4　工作总结与评价
    - **工作总结**
    - **综合评价**

学习活动1　明确工作任务

学习目标

1. 能通过与客户沟通，准确填写接车问诊单，确认故障车辆的基本信息和检修要求。

2. 能正确进行故障复现并准确记录故障现象和仪表、显示屏提示信息。

3. 能描述动力蓄电池热管理系统的定义、作用、组成、工作原理和冷却方式。

4. 能描述动力蓄电池热管理的必要性、产生热量的主要因素及动力蓄电池冷却系统的控制策略。

建议学时

10学时。

学习过程

一、明确新能源汽车动力蓄电池过热故障检修任务

维修人员从维修主管处领取接车问诊单（表3–1–1），与客户进行沟通，获取车辆型号、故障现象及故障时间等信息，正确填写接车问诊单，初步确认本次工作的基本内容。

表3–1–1　　接车问诊单

北汽新能源售后服务环检问诊单				经销商代码：	
客户姓名		车牌号		里程数	km
联系电话		VIN		进店时间	时　　分
车型		颜色		预约客户	□是　□否

续表

<table>
<tr><td>是否环检</td><td>□是　□否</td><td>维修类别</td><td>□保养　□机修
□钣喷　□其他</td><td>是否洗车</td><td colspan="2">□是　□否</td></tr>
<tr><td colspan="4">客户描述</td><td colspan="3">初步诊断</td></tr>
<tr><td rowspan="6">问诊</td><td colspan="6">1. 发生的时间：□突然　□（　）天前　□（　）月前　□其他</td></tr>
<tr><td colspan="6">2. 症状出现频率：□经常　□偶尔　□____日 / 周 / 月____次</td></tr>
<tr><td colspan="6">3. 工作状态：□冷机　□热机　□启动时挡位（　）　□空调开 / 关　□其他（　）</td></tr>
<tr><td colspan="6">4. 何时发生：□发动　□怠速　□起步　□行驶　□加 / 减速　□转弯　□倒车　□其他</td></tr>
<tr><td colspan="6">5. 道路状况：□高速路　□国道　□城市道路　□坡道　□颠簸路　□其他</td></tr>
<tr><td colspan="6">6. 天气状况：□晴天　□雨天　□阴天　□其他</td></tr>
<tr><td rowspan="14">车辆环检</td><td colspan="6">功能及物品确认</td></tr>
<tr><td>油 / 液</td><td colspan="2">□缺　□滴　□其他</td><td colspan="3" rowspan="13"></td></tr>
<tr><td>外部灯光</td><td colspan="2">□缺　□滴　□其他</td></tr>
<tr><td>内部灯光</td><td colspan="2">□缺　□滴　□其他</td></tr>
<tr><td>玻璃升降</td><td colspan="2">□缺　□滴　□其他</td></tr>
<tr><td>中央门锁</td><td colspan="2">□缺　□滴　□其他</td></tr>
<tr><td>空调系统</td><td colspan="2">□缺　□滴　□其他</td></tr>
<tr><td>音响系统</td><td colspan="2">□缺　□滴　□其他</td></tr>
<tr><td>点烟器</td><td colspan="2">□缺　□滴　□其他</td></tr>
<tr><td>备胎</td><td colspan="2">□缺　□滴　□其他</td></tr>
<tr><td>随车工具</td><td colspan="2">□缺　□滴　□其他</td></tr>
<tr><td>SOC 位置</td><td colspan="2"></td></tr>
<tr><td>车身外观确认</td><td colspan="2">□完好　□划伤　□损坏</td></tr>
<tr><td>其他事项</td><td colspan="6"></td></tr>
<tr><td colspan="7">1. 本人同意贵公司检查以上项目。2. 维修完成后，客户凭此单取车，请妥善保管。
客户：　　　　日期：　　　　服务顾问：　　　　日期：</td></tr>
<tr><td colspan="7">此单一式两联，服务顾问和客户各持一联</td></tr>
</table>

二、故障复现

说明：故障复现是非常重要的环节，是确认车辆真实故障的体现，要求学生能进行车辆正确的操作，必要时需进行试车，所以要求有驾驶执照。

方法：

学生在教师的指导下对动力蓄电池热管理系统进行操作，结合客户的表述，记录车辆故障现象及仪表、显示屏提示信息。

1. 故障现象记录

____

____

____

2. 仪表或显示屏提示信息记录

____

____

____

三、认识动力蓄电池热管理系统

1. 动力蓄电池热管理系统的定义

电池热管理是电池管理系统的主要功能之一，电池的热管理主要包括对______、______以及__________等的管理。冷却和加热功能主要是针对________________对电池可能造成的影响来进行调整。温度均衡用于__________________________，防止某一部分电池过热造成的____________。动力蓄电池热管理系统通过导热介质、测控单元以及温控设备构成__________________，使动力蓄电池工作在合适的__________范围之内，以维持其最佳的使用状态，用以保证其性能和使用寿命。

2. 动力蓄电池热管理的必要性

温度对蓄电池的______________、__________、__________有非常重要的影响，蓄电池最适宜的工作温度在______至______℃。但由于蓄电池阻抗的存在，在蓄电池充放电的过程中，电流通过蓄电池时会导致蓄电池内部产生________。另外，由于蓄电池内部的______________反应也会造成一定的生热量，因此，为了保证蓄电池工作在最适宜的温度范围内，对蓄电池的热管理控制非常有必要。

（1）温度过低对动力蓄电池的影响

1）温度过低时，为什么需要对动力蓄电池进行加热（或保温）?

2）在低温环境下给新能源汽车充电，为什么可能会引发起火、爆炸等危险?

（2）温度过高对动力蓄电池的影响

1）根据图 3–1–1，分析温度升高对动力蓄电池日历使用寿命的影响。

80%剩余容量——日历时间关系	
温度/℃	日历使用寿命/天
23	6238
35	1790
45	670
55	272

图 3–1–1　温度与日历使用寿命的关系

2）充电过程中，如果温度过高会出现什么样的后果?

（3）温度一致性对动力蓄电池的影响

1）影响动力蓄电池温度一致性的原因是什么?

2）低温情况下，0 ℃的动力蓄电池放电能力不能高于常温下动力蓄电池放电能力的（　　）。

A. 50%　　　　B. 60%　　　　C. 70%　　　　D. 80%

3）类似于________效应，动力蓄电池热管理系统的性能、可靠性取决于____________________，系统的安全性取决于________________________。

4）从图 3-1-2 所示曲线可以看出，电芯的性能和________关系非常大。假设大部分电芯温度为 20 ℃，而电芯 A 因为加热慢温度只有 10 ℃，则____。

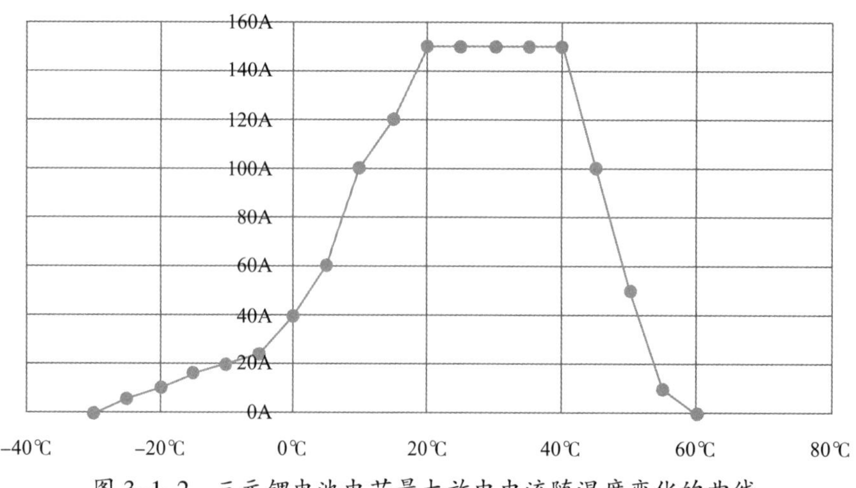

图 3-1-2　三元锂电池电芯最大放电电流随温度变化的曲线

5）根据图 3-1-3 分析温度升高对动力蓄电池能量输出的影响。

90%剩余容量——能量输出	
温度/℃	能量输出/kW·h
25	300
30	235
35	163

图 3-1-3　温度与能量输出的关系

3. 动力蓄电池热管理系统的作用

（1）____

（2）____

（3）____

（4）____

（5）____

4. 动力蓄电池热管理系统的组成

根据图 3–1–4 所示动力蓄电池热管理系统的基本结构，在表 3–1–2 中填写各组成零部件的名称。

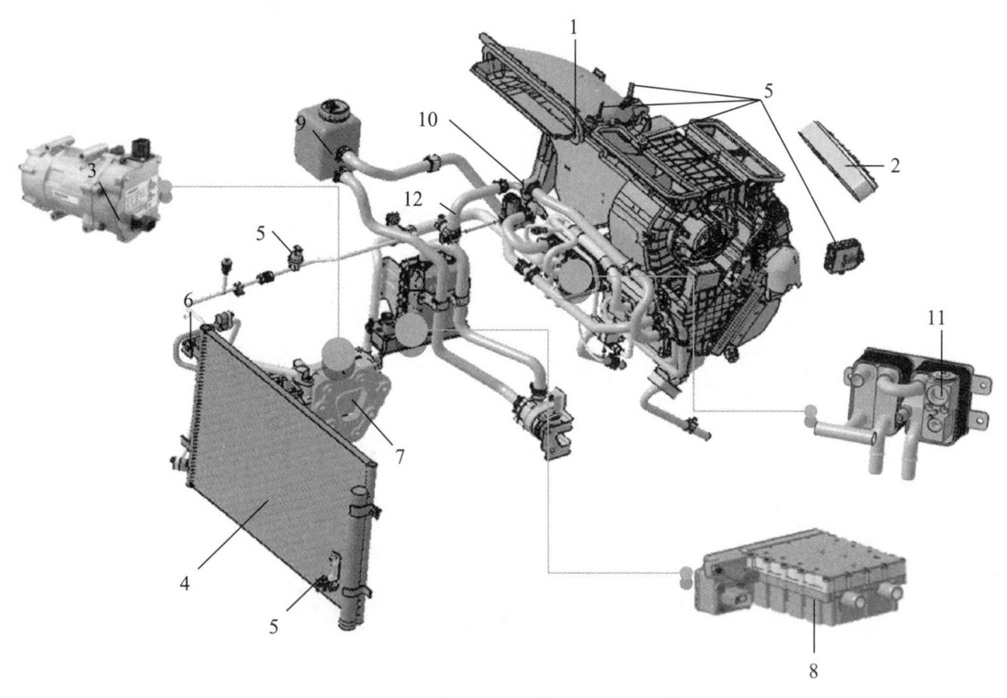

图 3–1–4　动力蓄电池热管理系统的基本结构

表 3–1–2　动力蓄电池热管理系统的组成

序号	零部件名称	序号	零部件名称
1		7	
2		8	
3		9	
4		10	
5		11	
6		12	

5. 动力蓄电池热管理系统的工作原理

（1）动力蓄电池热管理系统根据不同的工况采用哪几种方式进行热管理?

（2）根据图 3-1-5 所示动力蓄电池冷却回路，写出其为动力蓄电池降温的工作原理。

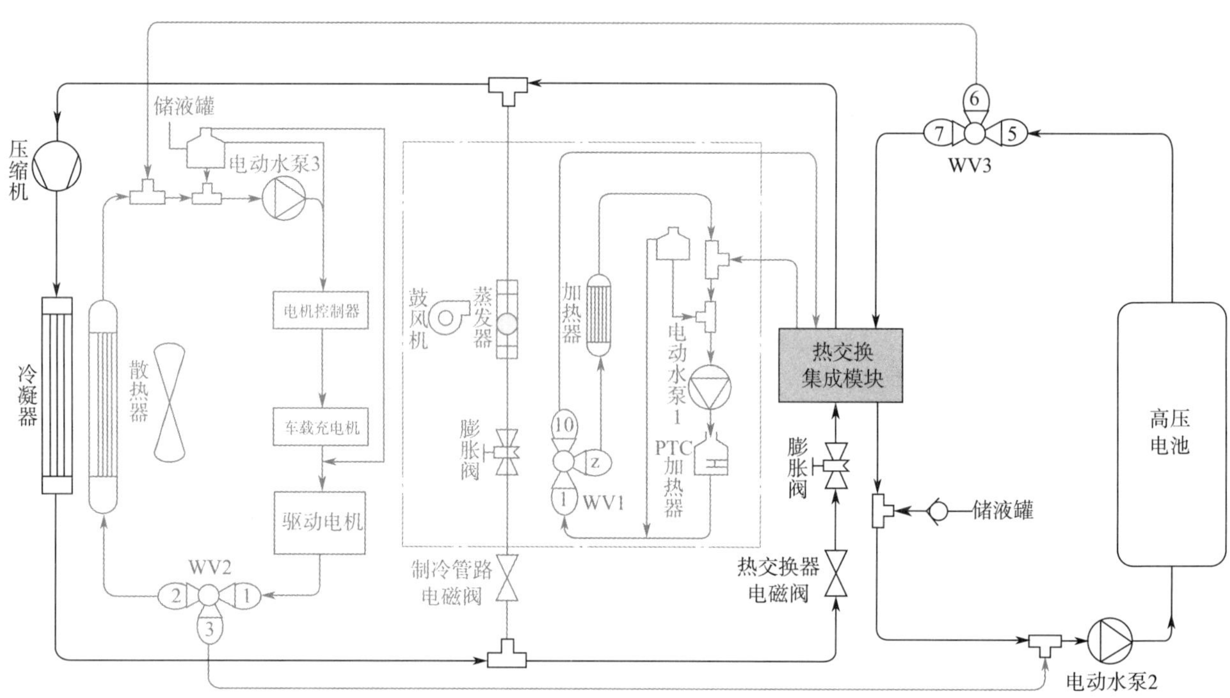

图 3-1-5　动力蓄电池冷却回路

（3）根据图 3-1-6 所示动力蓄电池加热器加热回路，写出其为动力蓄电池加热的工作原理。

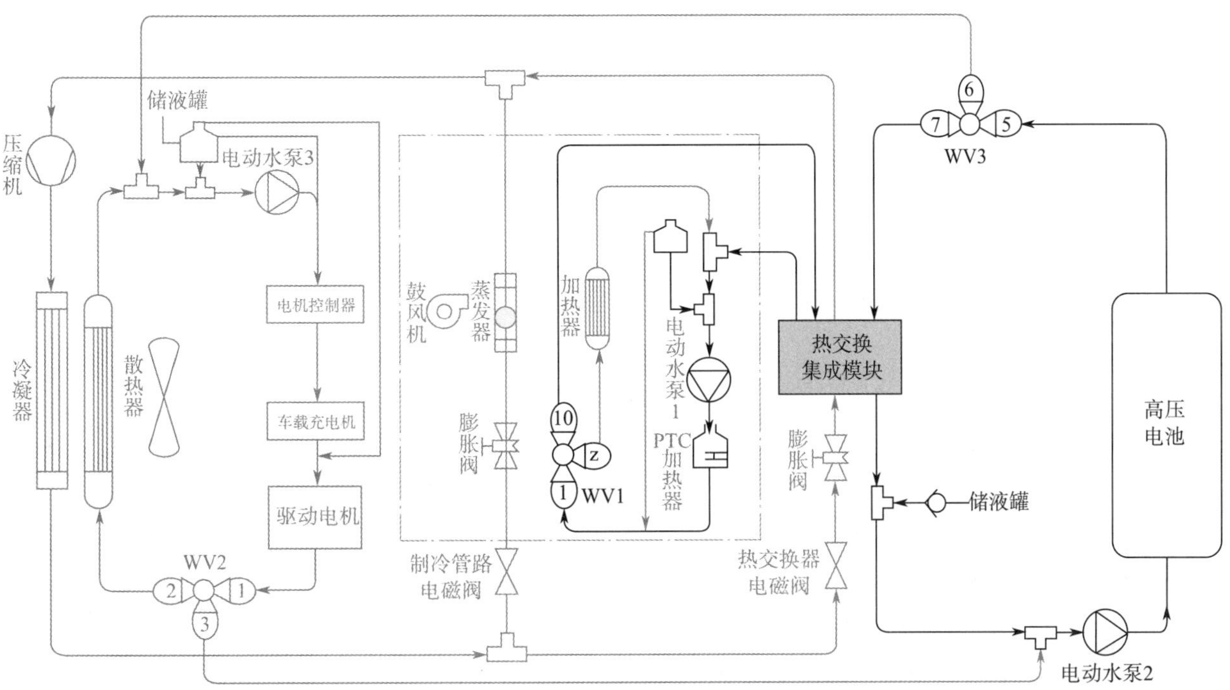

图 3-1-6 动力蓄电池加热器加热回路

（4）根据图 3–1–7 所示动力蓄电池电驱动加热回路，写出其为动力蓄电池加热的工作原理。

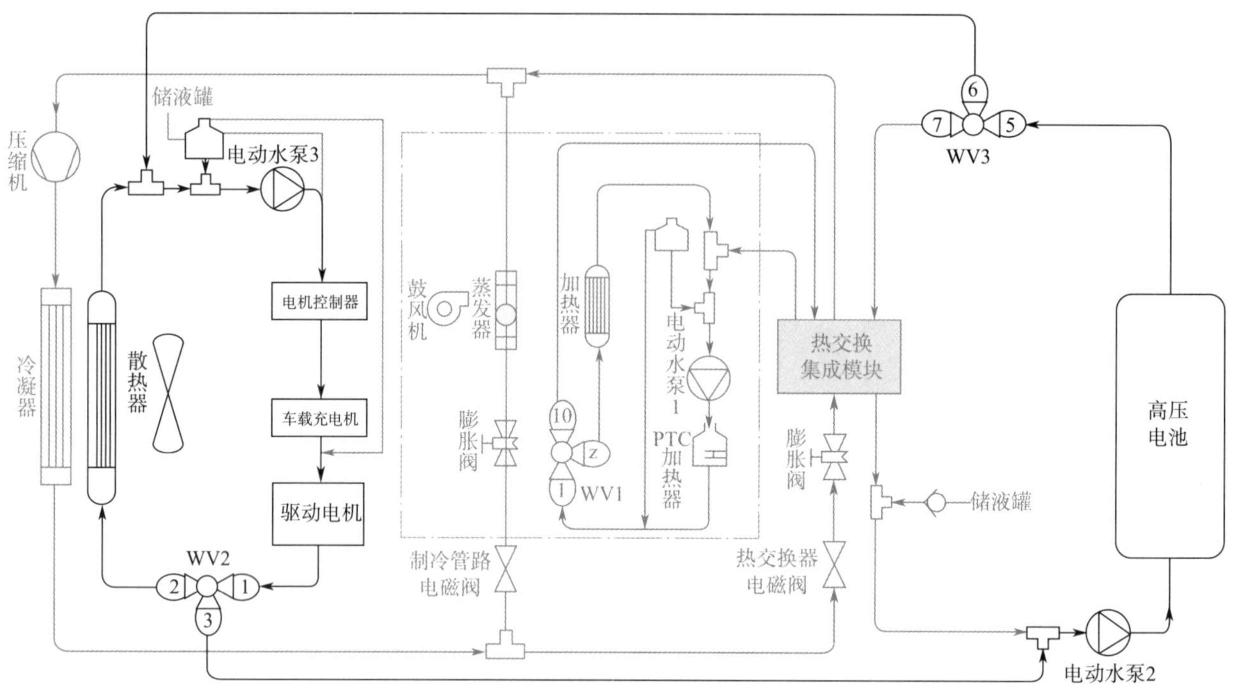

图 3–1–7　动力蓄电池电驱动加热回路

6. 动力蓄电池产生热量的主要因素

将图 3–1–8 中动力蓄电池产生热量的主要因素补充完整。

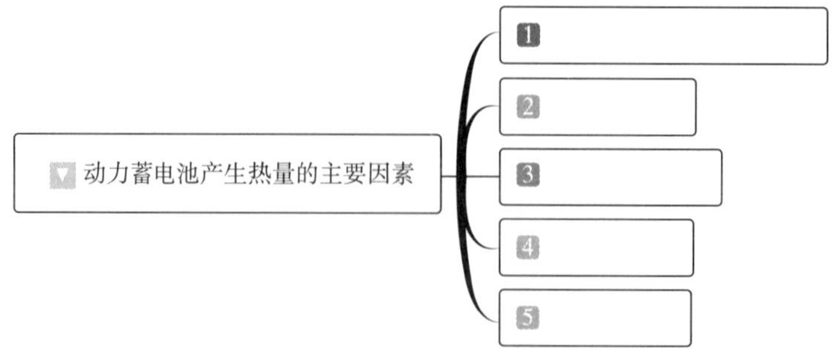

图 3–1–8　动力蓄电池产生热量的主要因素

7. 动力蓄电池冷却系统

（1）动力蓄电池过热时需要其冷却系统对蓄电池进行降温，根据零部件的结构、质量、热管理系统的成本和控制方式不同，将动力蓄电池热管理系统采用的冷却方式分为________冷却、________冷却、________冷却，总结它们的优缺点并完成表 3–1–3。

表 3–1–3　各冷却方式的优缺点

名称	优点	缺点

（2）简述新能源汽车动力蓄电池冷却系统的控制策略。

学习活动 2　工作准备与计划制订

学习目标

1. 能正确分析动力蓄电池过热的原因，给出可行的处理方法。

2. 能根据故障检修要求，通过小组讨论，制订合理的检修方案。

建议学时

6 学时。

学习过程

一、获取新能源汽车动力蓄电池过热故障的原因及处理方法

结合新能源车型动力蓄电池热管理系统电路图，根据故障现象和已有维修信息，分析新能源汽车动力蓄电池过热可能的故障原因及处理方法，并填写表 3–2–1。

表 3–2–1　　新能源汽车动力蓄电池过热的故障现象、故障原因及处理方法

故障现象	故障原因	处理方法

续表

故障现象	故障原因	处理方法

二、制订检修方案

根据新能源汽车动力蓄电池过热故障的检修要求，进行小组讨论，制订检修方案。

1. 根据具体工作内容，明确小组成员分工，填写表 3–2–2。

表 3–2–2　　小组成员分工

姓名	分工

2. 根据要求列出检修所需主要工具及材料清单，填写表 3–2–3。

表 3–2–3　　检修所需主要工具及材料清单

序号	工具及材料名称	规格	数量	备注

3. 根据小组分工情况及客户要求，制订具体的检修工序，填写表 3–2–4。

表 3–2–4　　检修工序安排

序号	检修工序内容	备注

制订检修方案之后，需要对方案内容进行可行性评估，并对实施地点、准备工作、检修过程等细节进行探讨分析，以保证后续检修安全、可靠地执行。以小组为单位就以上问题进行讨论，并根据讨论结果完善检修方案，记录主要修改内容。

学习活动 3　故障排除与交付

学习目标

1. 能根据故障检修要求，领取相关物料，并检查其好坏。

2. 能正确进行检修前的安全检查和防护工作。

3. 能通过检查动力蓄电池热管理系统仪表盘显示、部件及接插件状态，用诊断仪读取故障码及数据流，确定故障部位。

4. 能根据维修手册的要求，完成动力蓄电池热管理系统电路的检测及相关部件的更换。

5. 能正确进行动力蓄电池热管理系统操作功能验证和仪表显示检查，完成验收。

建议学时

18 学时。

学习过程

一、物料准备

根据新能源汽车动力蓄电池过热故障检修流程的要求，在组长的带领下，就物料的名称、数量和型号进行核对，填写维修配件、材料领用单（表 3-3-1），为物料领取提供凭证。

表 3-3-1　维修配件、材料领用单

<table>
<tr><th rowspan="2">维修项目</th><th rowspan="2">工时费</th><th colspan="4">材料费</th></tr>
<tr><th>配件、材料名称</th><th>数量</th><th>单价</th><th>总价</th></tr>
<tr><td></td><td></td><td></td><td></td><td></td><td></td></tr>
<tr><td></td><td></td><td></td><td></td><td></td><td></td></tr>
<tr><td></td><td></td><td></td><td></td><td></td><td></td></tr>
<tr><td></td><td></td><td></td><td></td><td></td><td></td></tr>
<tr><td></td><td></td><td></td><td></td><td></td><td></td></tr>
<tr><td></td><td></td><td></td><td></td><td></td><td></td></tr>
<tr><td></td><td></td><td></td><td></td><td></td><td></td></tr>
<tr><td>工时费总价</td><td></td><td>材料费总价</td><td colspan="3"></td></tr>
<tr><td colspan="2">维修技师：</td><td colspan="4">领用日期：</td></tr>
</table>

二、安全检查与防护

在诊断与排除新能源汽车动力蓄电池过热故障之前，要做好安全检查与防护，并记录检查与防护要点。

三、初步诊断

初步诊断主要包括检查仪表盘显示是否正常，检查部件及接插件是否破损、有无弯曲变形、连接是否松动等，用诊断仪读取故障码及数据流三方面内容。

1. 检查仪表盘显示

记录仪表盘显示的故障信息，如闪亮的故障灯、文字信息提示，并说明其含义。

2. 检查部件及接插件

查阅维修手册，根据故障现象和初步诊断的原因，对相关部件、线束、插头进行检查，并完成表 3–3–2。

表 3–3–2　部件及接插件诊断记录表

序号	项目	诊断结果	维修建议
1	检查蓄电池充电线路是否正常，接线柱是否松动、锈蚀等		
2	检查蓄电池电压是否在正常范围内		
3	检查前舱电器盒电池（动力蓄电池，下同）水泵熔断器是否熔断		
4	检查电池水泵继电器是否有裂痕和异常，端子是否腐蚀、生锈		
5	按下“停止”按键，断开电池水泵连接插头，检查电池水泵连接插头是否有裂痕和异常，针脚是否腐蚀、生锈		
6	检查电池进 / 出水口冷却液温度传感器是否有裂痕、损坏		
7	断开电池进 / 出水口冷却液温度传感器连接插头，检查其是否有裂痕和异常，针脚是否腐蚀、生锈		

3. 用诊断仪读取故障码及数据流

用诊断仪读取故障码及数据流，并填写故障码及数据流诊断记录表（表 3–3–3）。

表 3–3–3　故障码及数据流诊断记录表

序号	项目	诊断结果	维修建议
1	故障码		
2	数据流		

四、检修实施

结合新能源汽车动力蓄电池冷却系统电路图（图 3-3-1），进行动力蓄电池水泵、冷却液温度传感器及其控制电路的检修。

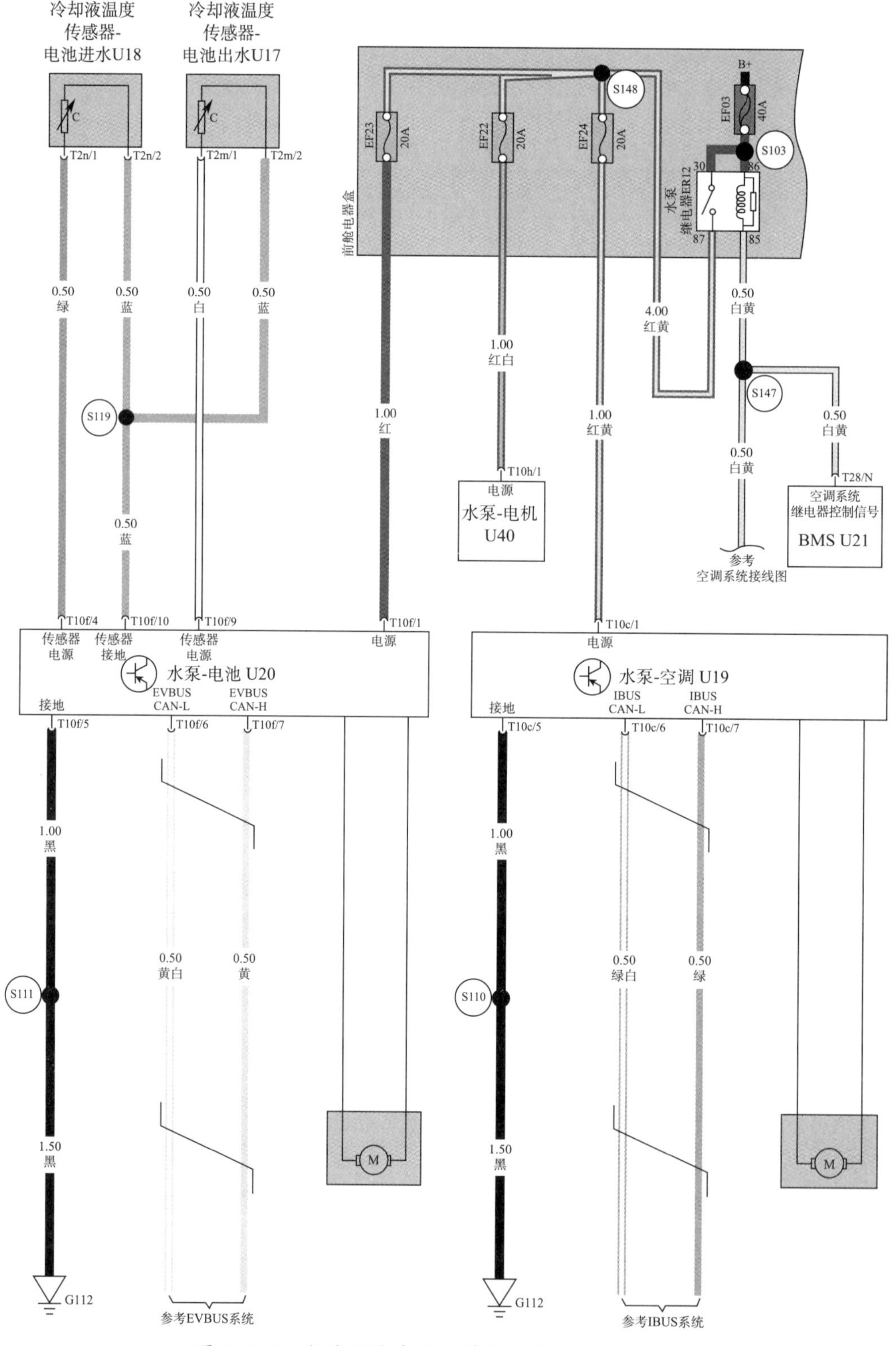

图 3-3-1　新能源汽车动力蓄电池冷却系统电路图

1. 动力蓄电池水泵控制电路的检测及水泵的更换

（1）检测动力蓄电池水泵控制电路（表 3-3-4）

表 3-3-4　检测动力蓄电池水泵控制电路

序号	项目	诊断结果	维修建议
1	检查电池水泵继电器 ER12 是否损坏		
2	检查 DC/DC 输出电压是否正常 正常电压范围：14 ± 0.25 V		
3	按下“停止”按键，断开电池水泵连接插头。再按下“启动”按键，测量电池水泵插头（U20）T10f/1 针脚与车身接地之间的电压是否为蓄电池电压		
4	测量电池水泵插头（U20）T10f/5 针脚与车身接地之间的导线是否连通		
5	确认是否为电池水泵控制电路故障		

（2）更换动力蓄电池水泵总成（表 3-3-5）

表 3-3-5　更换动力蓄电池水泵总成

序号	图示	作业要领	完成情况
1	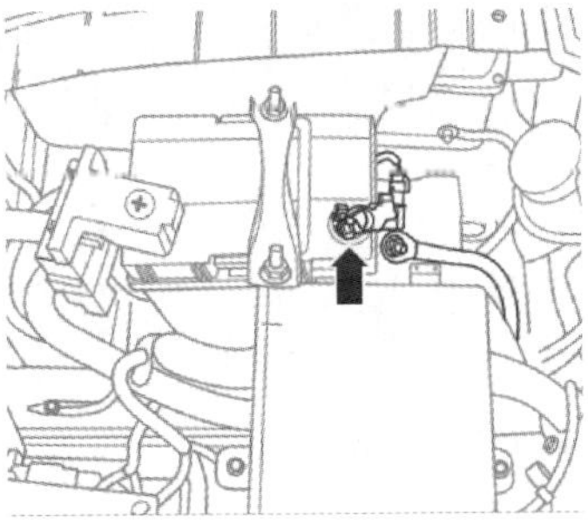	拆下前机舱储物盒左盖板，旋松蓄电池负极电缆固定螺母，断开蓄电池负极电缆	完成□ 未完成□
2	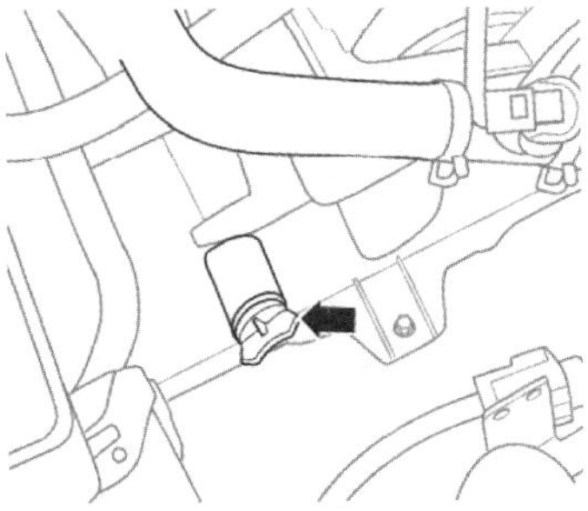	旋松散热器泄放塞，排放冷却液，用一个带有刻度的容器来收集散热器冷却液	完成□ 未完成□

续表

序号	图示	作业要领	完成情况
3	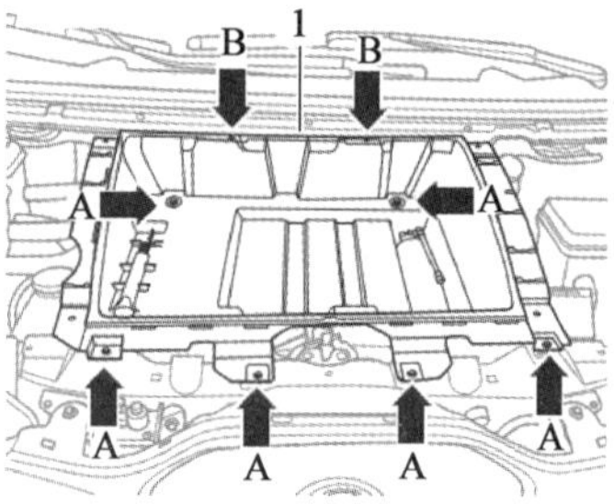 1- 盖板总成　A- 前机舱储物盒固定螺栓 B- 前机舱储物盒固定卡	拆卸前保险杠上装饰板，取出前机舱储物盒内的盖板总成，旋出前机舱储物盒固定螺栓，撬出前机舱储物盒固定卡，拆卸前机舱储物盒	完成□ 未完成□
4	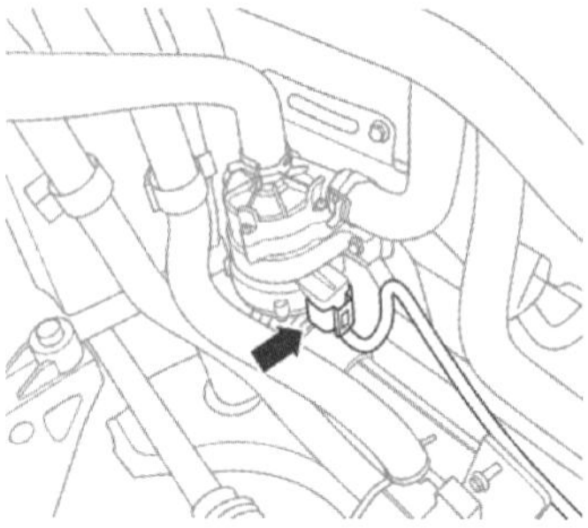	断开水泵连接插头	完成□ 未完成□
5	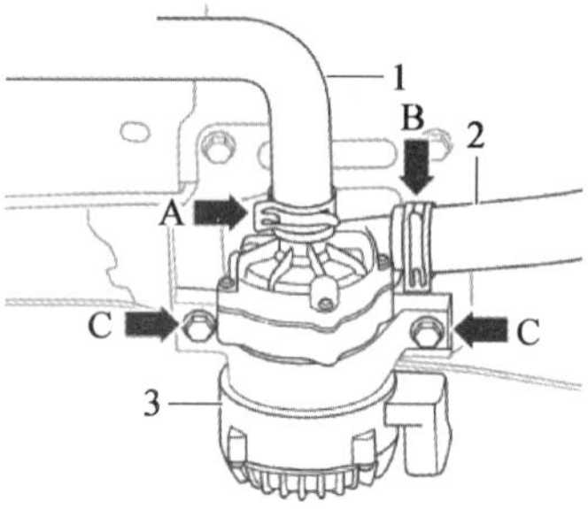 A、B- 卡箍　C- 固定螺栓　1- 水泵进水管 2- 水泵出水管　3- 水泵总成	（1）松开卡箍（A），脱开水泵进水管与电池水泵的连接 （2）松开卡箍（B），脱开水泵出水管与水泵总成的连接 （3）旋出固定螺栓，取下水泵总成	完成□ 未完成□
6	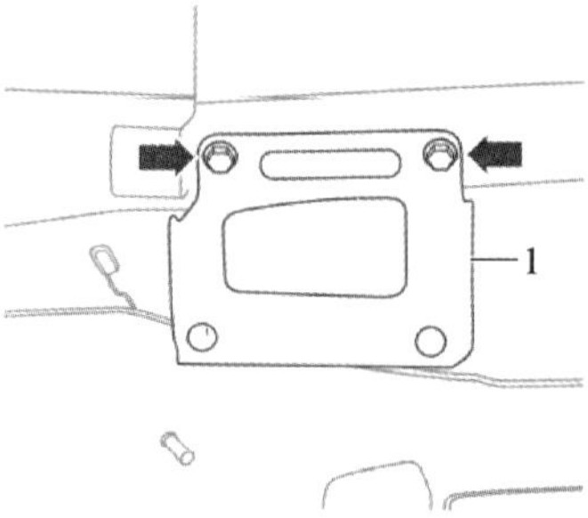 1- 水泵支架	旋出固定螺栓，取下水泵支架	完成□ 未完成□

1）简述排放冷却液的步骤及注意事项。

2）电池水泵安装以拆卸顺序的________进行，同时注意：________________________________

____

____

____

2. 冷却液温度传感器电路的检测及冷却液温度传感器的更换

（1）检测冷却液温度传感器电路（表 3–3–6）

表 3–3–6　检测冷却液温度传感器电路

序号	项目	诊断结果	维修建议
1	检查电池进水口冷却液温度传感器本体（U18）T2n/1 与 T2n/2 之间针脚的阻值是否随着温度升高而变小		
2	检查电池出水口冷却液温度传感器本体（U17）T2m/1 与 T2m/2 之间针脚的阻值是否随着温度升高而变小		
3	测量电池水泵插头（U20）T10f/4、T10f/10 针脚与电池进水口冷却液温度传感器插头（U18）T2n/1、T2n/2 针脚之间是否导通		
4	测量电池水泵插头（U20）T10f/9、T10f/10 针脚与电池出水口冷却液温度传感器插头（U17）T2m/1、T2m/2 针脚之间是否导通		
5	断开电池负极电缆，测量电池进水口冷却液温度传感器插头（U18）T2n/1、T2n/2 针脚与蓄电池正极之间是否出现短路情况		

续表

序号	项目	诊断结果	维修建议
6	测量电池出水口冷却液温度传感器插头（U17）T2m/1、T2m/2 针脚与蓄电池正极之间是否出现短路情况		
7	测量电池进水口冷却液温度传感器插头（U18）T2n/1、T2n/2 针脚与车身接地之间是否出现短路情况		
8	测量电池出水口冷却液温度传感器插头（U17）T2m/1、T2m/2 针脚与车身接地之间是否出现短路情况		
9	更换电池进 / 出水口冷却液温度传感器，重新进行诊断，读取故障码，确认故障码及症状是否存在		

（2）更换冷却液温度传感器（表 3-3-7）

表 3-3-7　　更换冷却液温度传感器

序号	图示	作业要领	完成情况
1		拆下前机舱储物盒左盖板，旋松蓄电池负极电缆固定螺母，断开蓄电池负极电缆	完成□ 未完成□
2	A- 冷却液温度传感器连接插头　B- 冷却液温度传感器卡箍　1- 冷却液温度传感器	依次断开冷却液温度传感器连接插头，撬出冷却液温度传感器卡箍，取出冷却液温度传感器	完成□ 未完成□

在更换冷却液温度传感器前需要将＿＿＿＿＿＿排放干净。安装时以拆卸顺序的＿＿＿＿进行，同时注意：＿＿＿＿＿＿＿＿＿＿＿＿＿＿＿＿＿＿＿＿＿＿＿＿＿＿＿＿＿＿

＿＿＿＿＿＿＿＿＿＿＿＿＿＿＿＿＿＿＿＿＿＿＿＿＿＿＿＿＿＿＿＿

＿＿＿＿＿＿＿＿＿＿＿＿＿＿＿＿＿＿＿＿＿＿＿＿＿＿＿＿＿＿＿＿

3. 电池水泵 CAN 线电路的检测及网关控制器的更换

（1）检测电池水泵 CAN 线电路（表 3-3-8）

结合图 3-3-2 所示网关控制系统接线图，检测电池水泵 CAN 线电路。

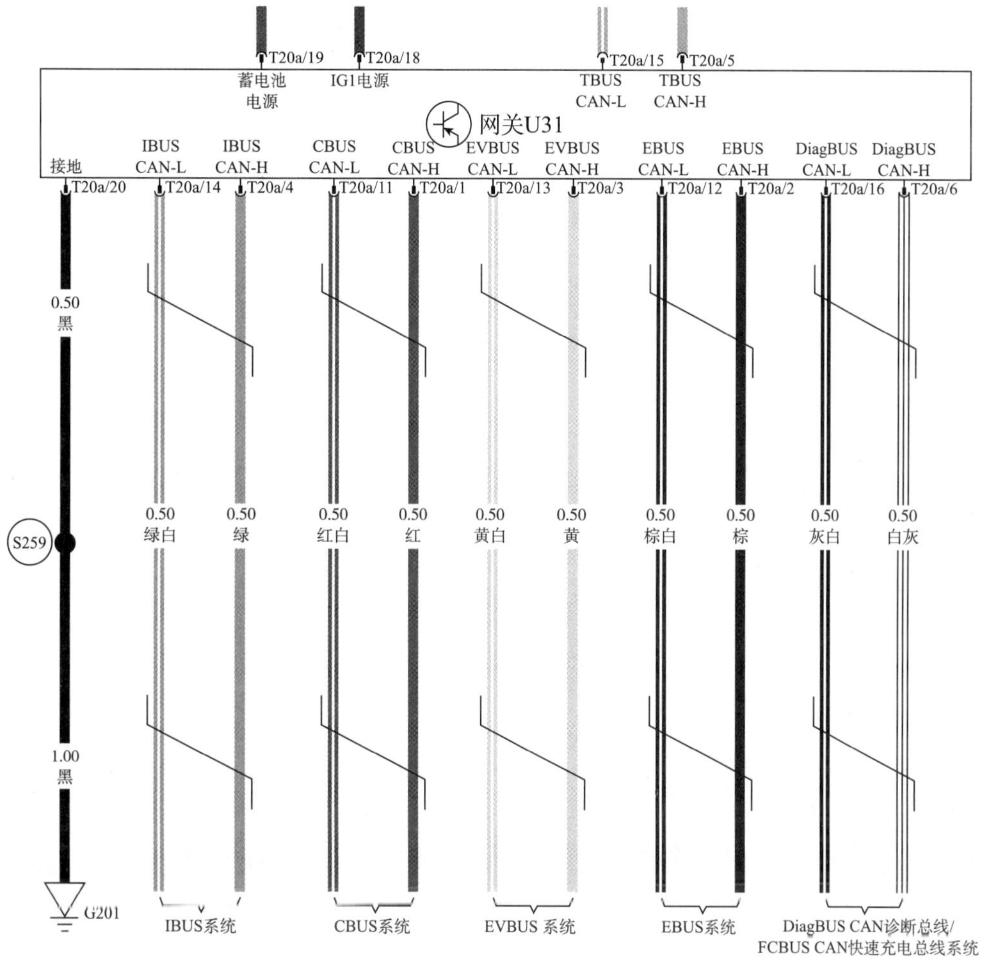

图 3-3-2　网关控制系统接线图

表 3-3-8　检测电池水泵 CAN 线电路

序号	项目	诊断结果	维修建议
1	测量电池水泵插头（U20）T10f/6 与 T10f/7 针脚之间阻值是否正常 参考阻值：约 60 Ω		
2	断开网关控制器连接插头（U31）T20a，测量网关控制器插头（U31）T20a/3、T20a/13 针脚与电池水泵插头（U20）T10f/7、T10f/6 针脚之间的导线是否连通		

续表

序号	项目	诊断结果	维修建议
3	检查网关控制器供电及接地是否正常		
4	更换网关控制器，重新进行诊断，读取故障码，确认故障码及症状是否存在		

（2）更换网关控制器（表 3-3-9）

表 3-3-9 更换网关控制器

序号	图示	作业要领	完成情况
1		拆下前机舱储物盒左盖板，旋松蓄电池负极电缆固定螺母，断开蓄电池负极电缆	完成□ 未完成□
2	A B B 1 A- 网关控制器连接插头 B- 固定螺栓 1- 网关控制器	断开网关控制器连接插头，旋出固定螺栓，取下网关控制器	完成□ 未完成□

网关控制器安装以拆卸顺序的________进行，同时注意：________________________________

____

____

____

五、交付验收

1. 操作功能验证

实际进行动力蓄电池热管理系统相关操作，验证故障现象是否消失，并记录操作过程中遇到的问题。

2. 仪表显示检查

检查仪表显示是否正常。

完成上述检查后，填写验收记录（表 3-3-10）。

表 3-3-10　验收记录

序号	项目	标准	自检	小组长检验
1	故障码	无		
2	数据流	正常		
3	设备整理	齐全、完整		
4	场地清洁	符合 7S 标准		

学习活动 4　工作总结与评价

学习目标

1. 能以小组形式对学习过程和成果用展板等形式进行汇报总结。

2. 能在教师指导下完成对学习过程的综合评价。

3. 能根据实际情况任选一款车型，描述动力蓄电池热管理系统的结构、原理及主要部件的检修方法。

建议学时

6 学时。

学习过程

一、工作总结

以小组为单位，选择演示文稿、展板、海报、视频等形式中的一种或几种，向全班展示、汇报学习成果。

二、综合评价

针对本任务的学习情况，根据表 3-4-1 所列综合评价标准进行评分。

表 3-4-1　综合评价标准

新能源汽车动力蓄电池过热故障诊断与排除					日期：		
姓名：		学号：			班级：		
序号	评价项目	评价内容及标准	配分 / 分	评分要求	自评	互评	师评
1	工作组织与管理	□能进行有效沟通和团队协作 □能及时检查工作进展和效果，保证高质量完成工作 □能及时处理工作中遇到的问题，提出创新性、可行性建议，提高客户满意度	15	未完成 1 项扣 5 分，扣分不得超过 15 分			
2	安全与防护	□能规范进行工位 7S 操作 □能规范进行设备和工具的安全检查 □能规范进行车辆安全防护操作 □能规范进行工具清洁、校准和存放操作 □能规范进行三不落地（包括工量器具、设备及零部件、油污）操作	15	未完成 1 项扣 3 分，扣分不得超过 15 分			
3	工具使用	□能正确选用维修工具和检测工具 □能正确使用维修工具进行拆装 □能正确使用检测工具进行线路和零部件参数检测	5	未完成 1 项扣 2 分，扣分不得超过 5 分			
4	资料收集与使用	□能正确使用维修手册查询资料 □能正确使用用户手册查询资料 □能在规定时间内查询所需资料 □能正确记录所查询资料的章节和页码 □能正确记录所需维修信息	5	未完成 1 项扣 1 分，扣分不得超过 5 分			
5	故障诊断	□能正确使用诊断仪检测数据流及故障码 □能判断控制模块工作是否正常 □能正确分析电路 □能判断系统数据流是否正常	20	未完成 1 项扣 5 分，扣分不得超过 20 分			
6	故障检修	□能正确检测动力蓄电池水泵控制电路、冷却液温度传感器电路及水泵 CAN 线电路的主要参数 □能正确拆装动力蓄电池水泵总成、冷却液温度传感器及网关控制器 □能正确完成新能源汽车动力蓄电池过热故障的交付验收	35	未完成 1 项扣 12 分，扣分不得超过 35 分			
7	报告撰写	□字迹清晰 □语句通顺 □无错别字 □无涂改 □无抄袭	5	不符合要求 1 项扣 1 分，扣分不得超过 5 分			
总分			100	得分			
总评	自我评价 ×20%+ 小组评价 ×20%+ 教师评价 ×60%		综合得分		教师（签名）：		

拓展学习

1. 根据实际情况选择一种车型，简述该车型动力蓄电池热管理系统的结构组成和原理。

2. 根据所选车型动力蓄电池热管理系统的特点，完成表 3–4–2。

表 3–4–2　　________车型动力蓄电池热管理系统零部件的拆卸与检查

序号	热管理系统零部件	拆卸步骤及注意事项	检测项目

学习任务四 新能源汽车无法上电故障诊断与排除

学习目标

1. 能描述整车常见的唤醒模式、整车高压互锁系统的互锁原理，分析整车上下电的控制过程、高压上电的条件以及 CAN 线阻值对整车上电的影响，并根据接车问诊单，明确故障现象、检修要求及工时等内容。

2. 能通过查阅资料，获取新能源汽车无法上电故障的原因和处理方法。

3. 能根据故障检修要求，通过小组讨论，制订合理的检修方案。

4. 能根据故障检修要求，领取相关物料，并检查其好坏。

5. 能根据故障检修要求，进行新能源汽车无法上电故障的初步诊断，完成高低压互锁、绝缘、通信和动力电池故障的检修，并交付验收。

6. 能对维修场地的相关设备进行日常维护与保养，按 7S 管理规定清理现场。

7. 能对相关资料、互联网资源进行检索，独立完成维修工单、工作页的填写。

8. 能展示工作成果，进行任务评价，总结工作经验。

9. 能在作业过程中严格执行企业操作规范、安全生产制度和环保管理制度，严格遵守从业人员的职业道德，具有吃苦耐劳、爱岗敬业的工作态度和职业责任感。

建议学时

40 学时

工作情境描述

某车主反映，其驾驶的北汽新能源汽车 EU5（R550）无法上电。车主将汽车送厂维修，维修技师验证故障现象后，通过观察仪表显示，读取车辆数据并结合以往维修经验初步判断是 PEU 系统故障，要求汽车维修人员在 1 h 内对系统相关控制模块接头、线束连接、故障码、数据流等项目进行检查和判断，确定故障部位并排除故障，完成后交付验收。

工作流程与活动

1. 明确工作任务（10 学时）
2. 工作准备与计划制订（6 学时）
3. 故障排除与交付（18 学时）
4. 工作总结与评价（6 学时）

学习任务四　新能源汽车无法上电故障诊断与排除

- 学习活动1　明确工作任务
  - **明确新能源汽车无法上电故障检修任务**
  - **故障复现**
    - 故障现象记录
    - 仪表或显示屏提示信息记录
  - **认识整车上下电过程**
    - 整车唤醒模式
    - 整车上下电的控制过程
    - 整车高压上电的条件
    - 整车高压互锁系统
    - EVBUS CAN新能源总线系统
- 学习活动2　工作准备与计划制订
  - **获取新能源汽车无法上电故障的原因及处理方法**
  - **制订检修方案**
- 学习活动3　故障排除与交付
  - **物料准备**
  - **安全检查与防护**
  - **初步诊断**
    - 检查仪表盘显示
    - 检查部件及接插件
    - 用诊断仪读取故障码及数据流
  - **检修实施**
    - 高低压互锁故障检修
    - 绝缘故障检修
    - 通信故障检修
    - 动力电池故障检修
  - **交付验收**
    - 操作功能验证
    - 仪表显示检查
- 学习活动4　工作总结与评价
  - **工作总结**
  - **综合评价**

学习活动 1　明确工作任务

学习目标

1. 能通过与客户沟通，准确填写接车问诊单，确认故障车辆的基本信息和检修要求。

2. 能正确进行故障复现并准确记录故障现象和仪表、显示屏提示信息。

3. 能描述整车常见的唤醒模式。

4. 能分析整车上下电的控制过程和高压上电的条件。

5. 能描述整车高压互锁系统的互锁原理。

6. 能正确识读 EVBUS CAN 新能源总线系统电路图，分析 CAN 线阻值对整车上电的影响。

建议学时

10 学时。

学习过程

一、明确新能源汽车无法上电故障检修任务

维修人员从维修主管处领取接车问诊单（表 4–1–1），与客户进行沟通，获取车辆型号、故障现象及故障时间等信息，正确填写接车问诊单，初步确认本次工作的基本内容。

表 4–1–1　　接车问诊单

北汽新能源售后服务环检问诊单				经销商代码：	
客户姓名		车牌号		里程数	km
联系电话		VIN		进店时间	时　　分

续表

<table>
<tr><td>车型</td><td></td><td>颜色</td><td></td><td>预约客户</td><td colspan="2">□是　□否</td></tr>
<tr><td>是否环检</td><td>□是　□否</td><td>维修类别</td><td>□保养　□机修
□钣喷　□其他</td><td>是否洗车</td><td colspan="2">□是　□否</td></tr>
<tr><td colspan="4">客户描述</td><td colspan="3">初步诊断</td></tr>
<tr><td rowspan="6">问诊</td><td colspan="6">1. 发生的时间：□突然　□（　）天前　□（　）月前　□其他</td></tr>
<tr><td colspan="6">2. 症状出现频率：□经常　□偶尔　□____日 / 周 / 月____次</td></tr>
<tr><td colspan="6">3. 工作状态：□冷机　□热机　□启动时挡位（　）　□空调开 / 关　□其他（　）</td></tr>
<tr><td colspan="6">4. 何时发生：□发动　□怠速　□起步　□行驶　□加 / 减速　□转弯　□倒车　□其他</td></tr>
<tr><td colspan="6">5. 道路状况：□高速路　□国道　□城市道路　□坡道　□颠簸路　□其他</td></tr>
<tr><td colspan="6">6. 天气状况：□晴天　□雨天　□阴天　□其他</td></tr>
<tr><td rowspan="13">车辆环检</td><td colspan="6">功能及物品确认</td></tr>
<tr><td>油 / 液</td><td colspan="2">□缺　□滴　□其他</td><td colspan="3" rowspan="12"></td></tr>
<tr><td>外部灯光</td><td colspan="2">□缺　□滴　□其他</td></tr>
<tr><td>内部灯光</td><td colspan="2">□缺　□滴　□其他</td></tr>
<tr><td>玻璃升降</td><td colspan="2">□缺　□滴　□其他</td></tr>
<tr><td>中央门锁</td><td colspan="2">□缺　□滴　□其他</td></tr>
<tr><td>空调系统</td><td colspan="2">□缺　□滴　□其他</td></tr>
<tr><td>音响系统</td><td colspan="2">□缺　□滴　□其他</td></tr>
<tr><td>点烟器</td><td colspan="2">□缺　□滴　□其他</td></tr>
<tr><td>备胎</td><td colspan="2">□缺　□滴　□其他</td></tr>
<tr><td>随车工具</td><td colspan="2">□缺　□滴　□其他</td></tr>
<tr><td>SOC 位置</td><td colspan="2">Empty　1/2　Full</td></tr>
<tr><td>车身外观确认</td><td colspan="2">□完好　□划伤　□损坏</td></tr>
<tr><td>其他事项</td><td colspan="6"></td></tr>
<tr><td colspan="7">1. 本人同意贵公司检查以上项目。2. 维修完成后，客户凭此单取车，请妥善保管。
客户：　　日期：　　服务顾问：　　日期：</td></tr>
<tr><td colspan="7">此单一式两联，服务顾问和客户各持一联</td></tr>
</table>

二、故障复现

说明：故障复现是非常重要的环节，是确认车辆真实故障的体现，要求学生能进行车辆正确的操作，必要时需进行试车，所以要求有驾驶执照。

方法：

学生在教师的指导下对车辆进行上电操作，结合客户的表述，记录车辆故障现象及仪表、显示屏提示信息。

1. 故障现象记录

____

____

____

2. 仪表或显示屏提示信息记录

____

____

____

三、认识整车上下电过程

1. 整车唤醒模式

如图 4–1–1 所示，电动汽车整车唤醒模式通常有__________、__________、__________、__________四种。

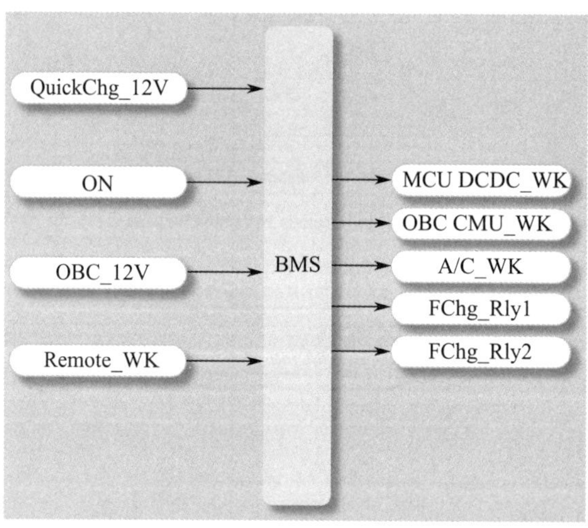

图 4–1–1　电动汽车整车唤醒模式

QuickChg—快充　OBC—车载充电机　FChg_Rly1、FChg_Rly2—快充继电器 1、2

Remote_WK、MCU DCDC_WK、OBC CMU_WK、A/C_WK—远程唤醒、MCU DCDC 唤醒、OBC CMU 唤醒、空调唤醒

2. 整车上下电的控制过程

根据图 4–1–2，简述整车上下电的控制过程。

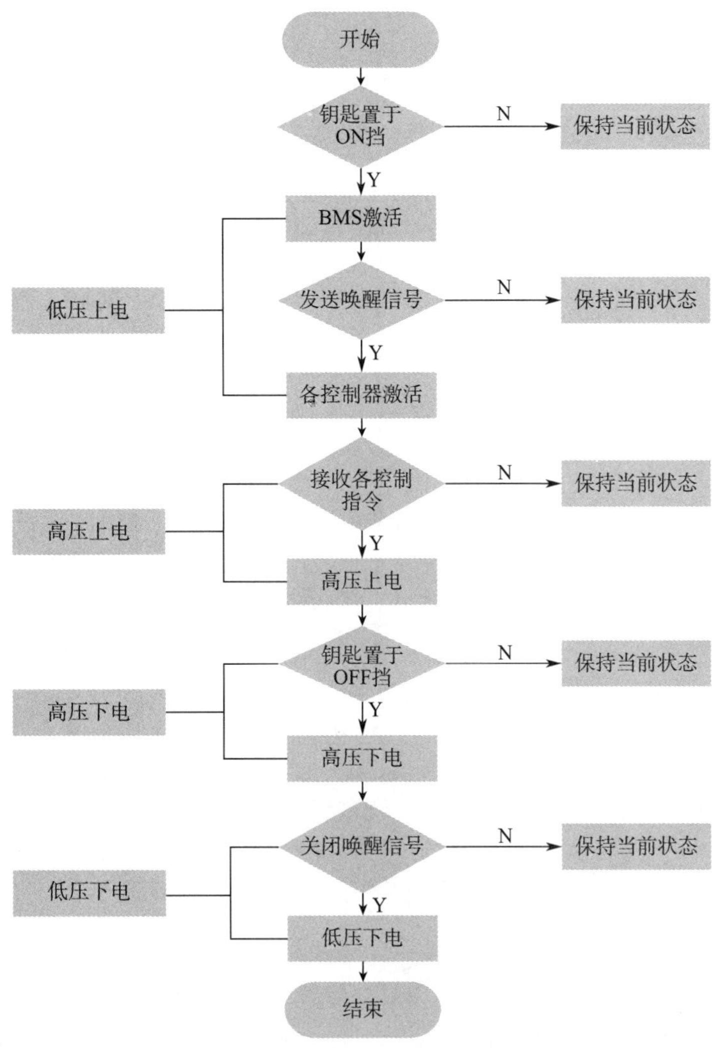

图 4–1–2　整车上下电流程图

3. 整车高压上电的条件

根据整车上下电控制过程分析，结合图 4–1–3，简述整车高压上电的条件。

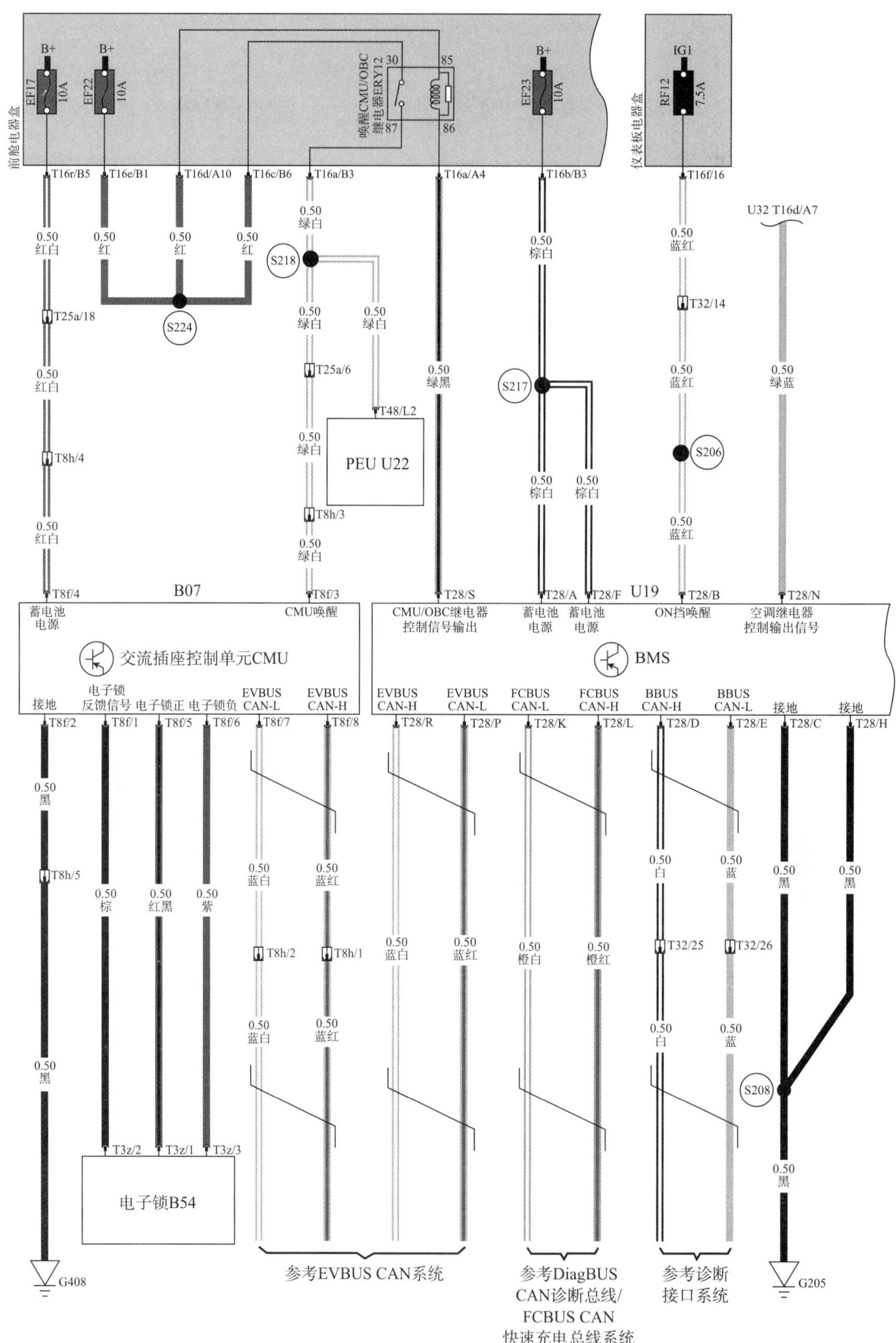

图 4-1-3　北汽新能源 EU5 BMS 低压电路图

4. 整车高压互锁系统

在图 4-1-4 所示的高压部件电路连接图中，用红色的线画出互锁线路部分，并简述互锁原理。

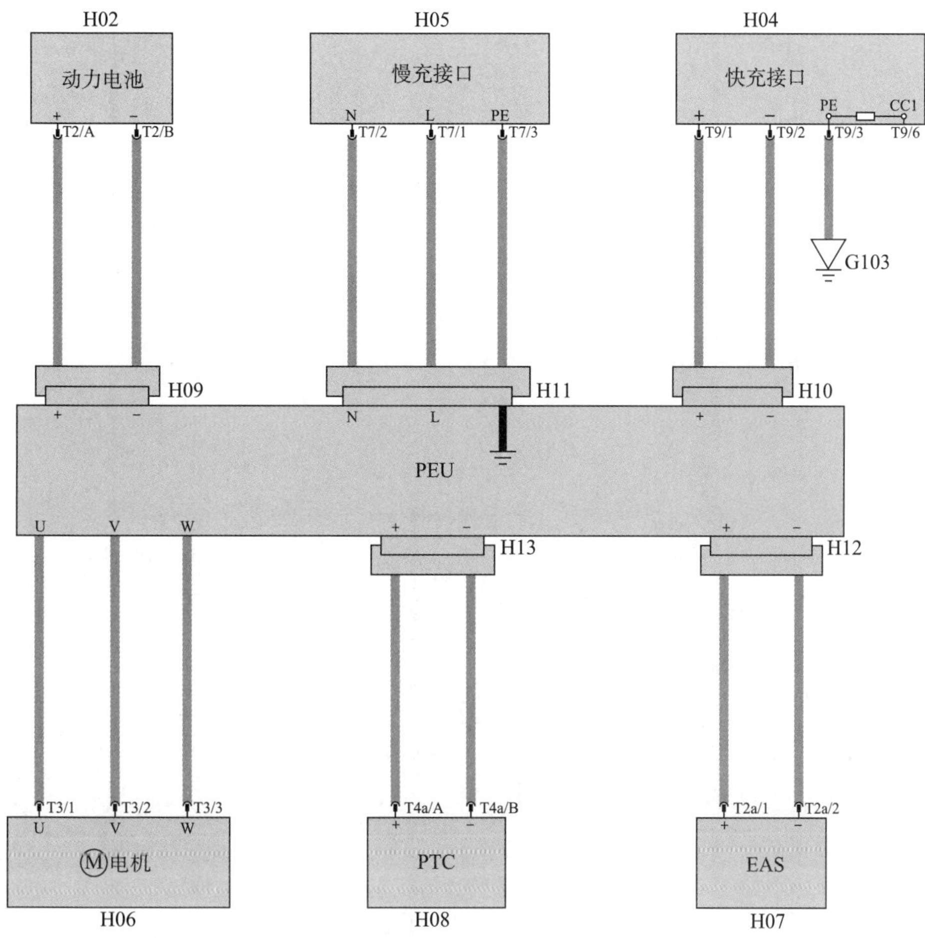

图 4-1-4　高压部件电路连接图

5. EVBUS CAN 新能源总线系统

图 4-1-5 所示为 EVBUS CAN 新能源总线系统电路图。

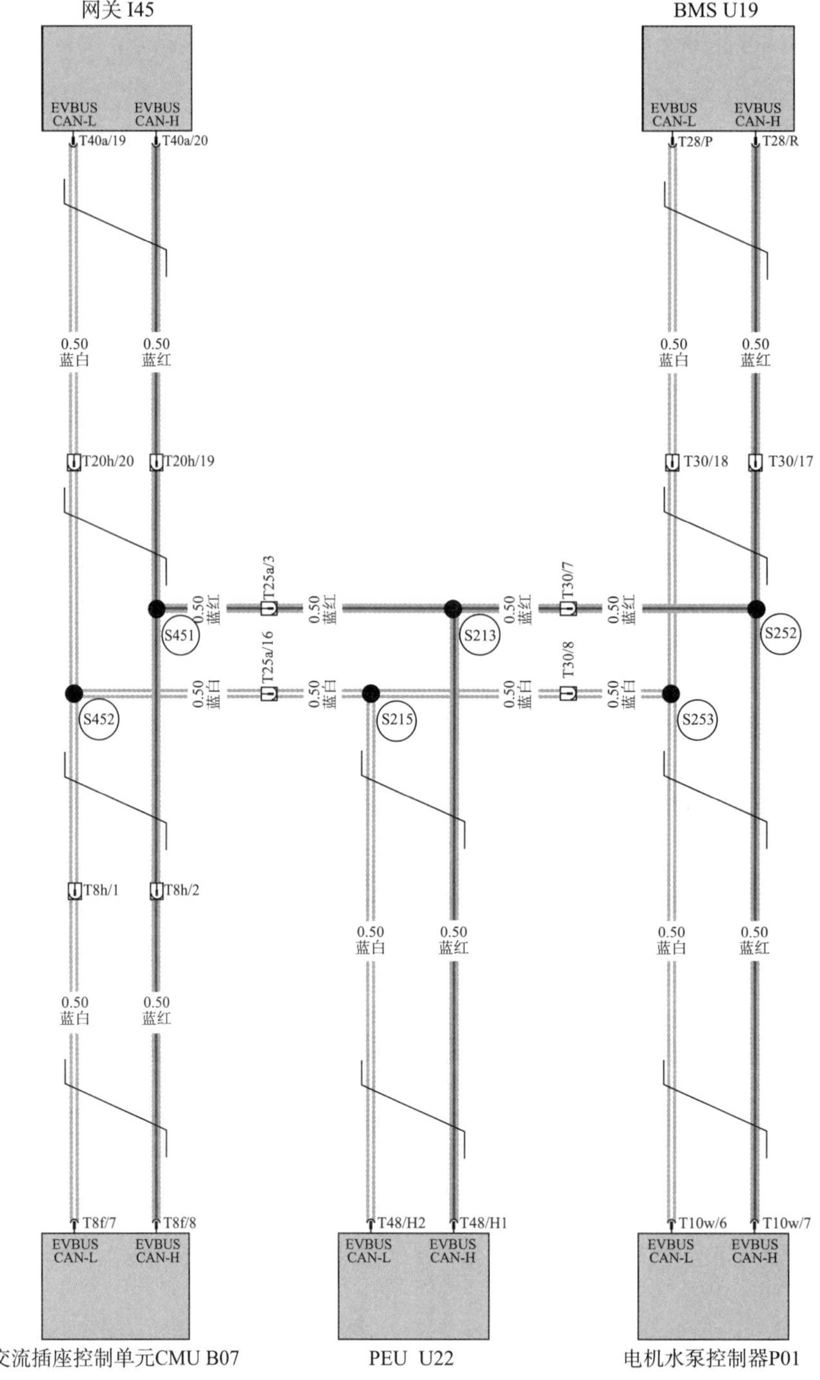

图 4-1-5 EVBUS CAN 新能源总线系统电路图

BMS CAN-H 与 CAN-L 之间的阻值是多少？EVBUS CAN 线的阻值对整车上电有哪些影响？

学习活动 2　工作准备与计划制订

学习目标

1. 能正确分析车辆无法上电的原因，给出可行的处理方法。

2. 能根据故障检修要求，通过小组讨论，制订合理的检修方案。

建议学时

6 学时。

学习过程

一、获取新能源汽车无法上电故障的原因及处理方法

结合整车高压上电的条件以及新能源车型高压上电系统电路图，根据故障现象和已有维修信息，分析新能源汽车无法上电可能的故障原因及处理方法，并填写表 4–2–1。

表 4–2–1　新能源汽车无法上电的故障现象、故障原因及处理方法

故障现象	故障原因	处理方法

续表

故障现象	故障原因	处理方法

二、制订检修方案

根据新能源汽车无法上电故障的检修要求，进行小组讨论，制订检修方案。

1. 根据具体工作内容，明确小组成员分工，填写表 4–2–2。

表 4–2–2　　小组成员分工

姓名	分工

2. 根据要求列出检修所需主要工具及材料清单，填写表 4–2–3。

表 4-2-3 检修所需主要工具及材料清单

序号	工具及材料名称	规格	数量	备注

3. 根据小组分工情况及客户要求，制订具体的检修工序，填写表 4-2-4。

表 4-2-4 检修工序安排

序号	检修工序内容	备注

制订检修方案之后，需要对方案内容进行可行性评估，并对实施地点、准备工作、检修过程等细节进行探讨分析，以保证后续检修安全、可靠地执行。以小组为单位就以上问题进行讨论，并根据讨论结果完善检修方案，记录主要修改内容。

学习活动 3　故障排除与交付

1. 能根据故障检修要求，领取相关物料，并检查其好坏。

2. 能正确进行检修前的安全检查和防护工作。

3. 能通过检查 PEU 系统仪表盘显示、部件及接插件状态，用诊断仪读取故障码及数据流，确定故障部位。

4. 能根据维修手册的要求，完成高低压互锁、绝缘、通信和动力电池故障的检修。

5. 能正确进行 PEU 系统操作功能验证和仪表显示检查，完成验收。

建议学时

18 学时。

学习过程

一、物料准备

根据新能源汽车无法上电故障检修流程的要求，在组长的带领下，就物料的名称、数量和型号进行核对，填写维修配件、材料领用单（表 4-3-1），为物料领取提供凭证。

表 4-3-1　　维修配件、材料领用单

维修项目	工时费	材料费			
		配件、材料名称	数量	单价	总价
工时费总价		材料费总价			
维修技师：		领用日期：			

二、安全检查与防护

在诊断与排除新能源汽车无法上电故障之前，要做好安全检查与防护，并记录检查与防护要点。

三、初步诊断

初步诊断主要包括检查整车上电操作后仪表盘是否显示“READY”，检查部件及接插件是否破损、有无弯曲变形、连接是否松动等，用诊断仪读取故障码及数据流三方面内容。

1. 检查仪表盘显示

整车上电操作后仪表盘是否显示“READY”（是□　否□）。

记录仪表盘显示的故障信息，如闪亮的故障灯、文字信息提示，并说明其含义。

2. 检查部件及接插件

检查 PEU 系统相关部件及接插件的连接处是否对插到位，有无松动、破损、腐蚀等问题，若未达到要求则修复或更换。

具体参考学习任务二中对 PEU 系统相关部件及接插件的检查。

3. 用诊断仪读取故障码及数据流

用诊断仪读取故障码及数据流，并填写故障码及数据流诊断记录表（表 4-3-2）。

表 4-3-2　故障码及数据流诊断记录表

序号	项目	诊断结果	维修建议
1	故障码		
2	数据流		

四、检修实施

1. 高低压互锁故障检修

以系统报“电机系统高低压互锁故障”为例说明检修方法。重新上电检查车辆是否恢复正常，若未恢复正常，参考学习任务二表 2-3-4 中步骤 11～18 进行检修。

如果系统报“P0A0A94 高低压互锁故障”，需断开电池管理系统插头 U19，逐步检测 U19 的供电、搭铁、CAN 线阻值和接地以及 CAN 线与网关、网关与组合仪表的通信情况，必要时检修或更换动力蓄电池系统。

2. 绝缘故障检修

以系统报“P0AA61A 绝缘电阻低”为例说明检修方法（表 4-3-3）。

表 4-3-3　绝缘故障检修

序号	图示	作业要领	完成情况
1		重新上电检查车辆是否恢复正常	完成□ 未完成□

续表

序号	图示	作业要领	完成情况
2	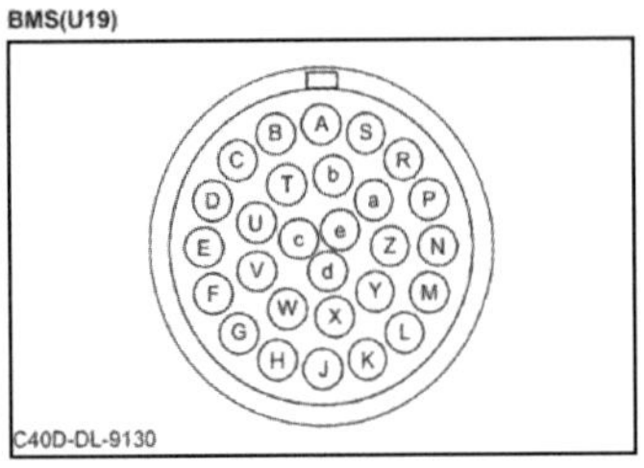 BMS(U19) C40D-DL-9130	按下“停止”按键，断开电池管理系统插头（U19）T28，检查电池管理系统插头（U19）T28是否有裂痕，针脚是否腐蚀、生锈	完成□ 未完成□
3	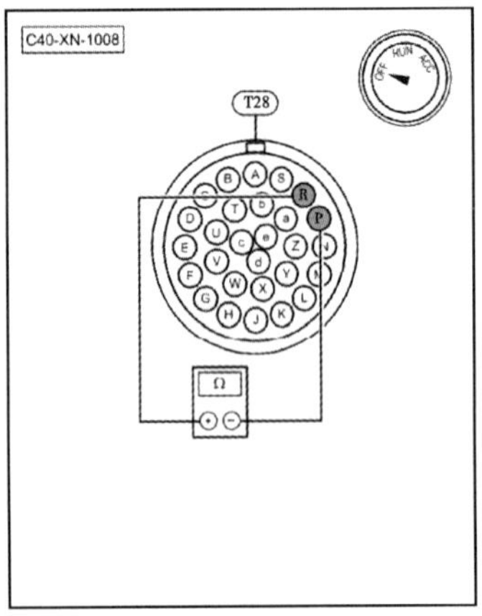 C40-XN-1008 T28	断开蓄电池负极电缆，测量电池管理系统（U19）T28/P与T28/R针脚之间的阻值是否正常 参考阻值：约120 Ω	完成□ 未完成□
4	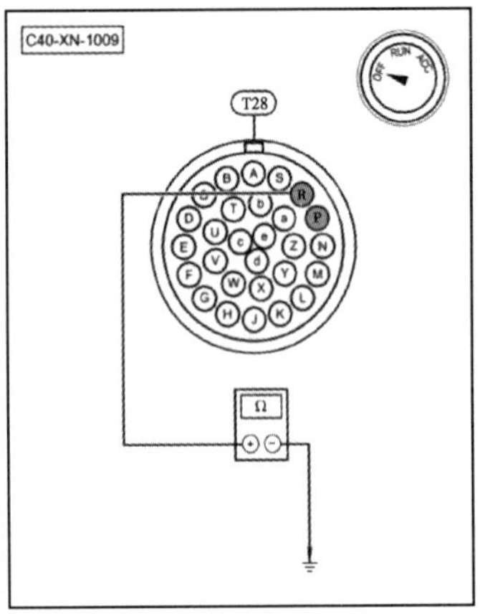 C40-XN-1009 T28	测量电池管理系统插头（U19）T28/P、T28/R针脚与车身接地之间是否出现短路情况	完成□ 未完成□
5	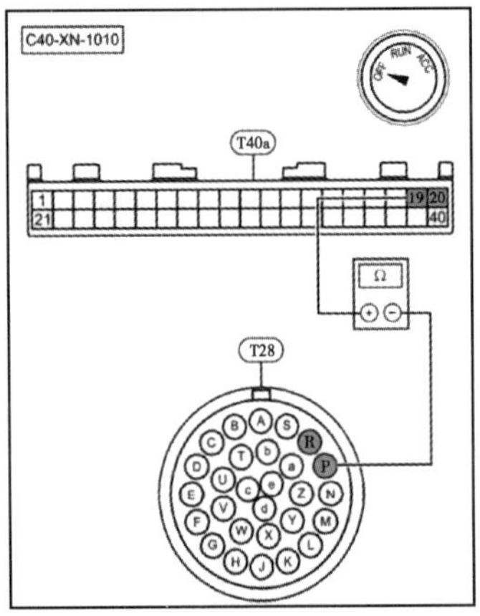 C40-XN-1010 T40a T28	断开网关插头（I45）T40a，测量网关插头（I45）T40a/19、T40a/20针脚与电池管理系统插头（U19）T28/P、T28/R针脚之间的导线是否连通	完成□ 未完成□

续表

序号	图示	作业要领	完成情况
6	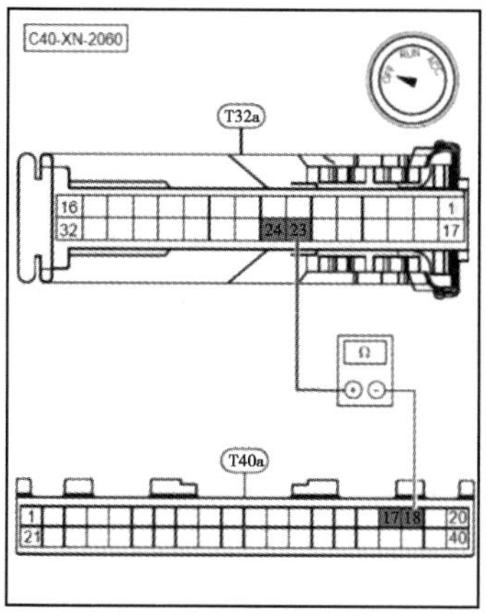C40-XN-2060 T32a T40a	断开组合仪表插头（I15）T32a，测量网关插头（I45）T40a/17、T40a/18 针脚与组合仪表插头（I15）T32a/24、T32a/23 针脚之间的导线是否连通	完成□ 未完成□
7	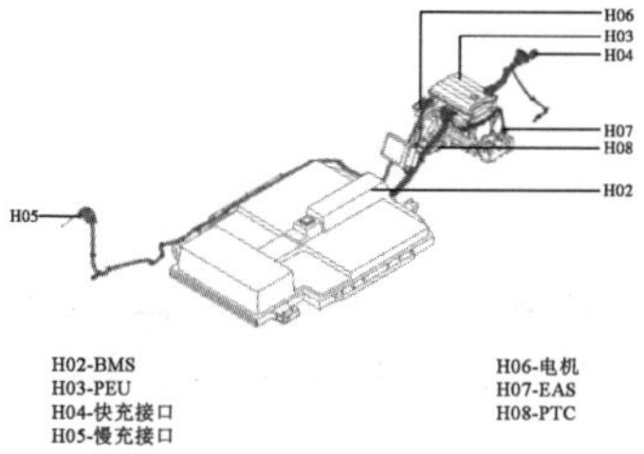H06 H03 H04 H07 H08 H02 H05 H02-BMS H03-PEU H04-快充接口 H05-慢充接口 H06-电机 H07-EAS H08-PTC	断开锂离子动力电池接插件 H02，检查接插件 H02 是否有裂痕和异常，针脚是否腐蚀、生锈	完成□ 未完成□
8		拆下连接 PEU 的高压线束接插件，使用绝缘表（电压挡置于 500 V）测量接插件各针脚对电池壳体的绝缘电阻阻值是否正常 参考阻值：大于 500 Ω/V	完成□ 未完成□
9		依次拔掉 PEU 高压电器负载接线 PTC 线束、快充线束、慢充线束、空调线束，同时测量高压驱动集成单元正、负极对电池底盘的绝缘电阻阻值是否正常	完成□ 未完成□
10	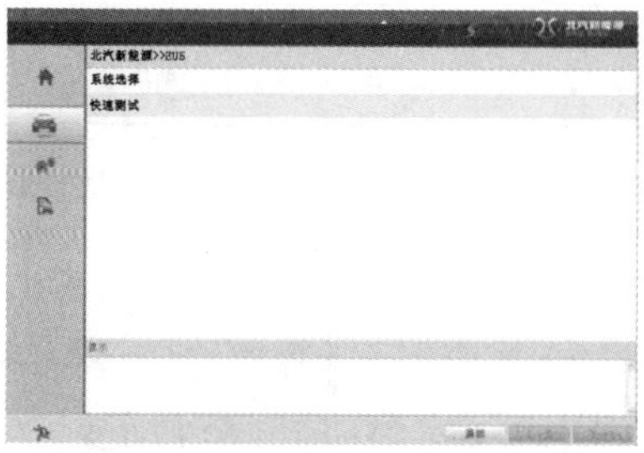	检修或更换锂离子动力电池系统，重新进行诊断，读取故障码，确认故障码及症状是否存在	完成□ 未完成□

3. 通信故障检修

以系统报“电池系统内部通信故障”为例进行检修（表 4-3-4）。

表 4-3-4　　通信故障检修

序号	图示	作业要领	完成情况
1	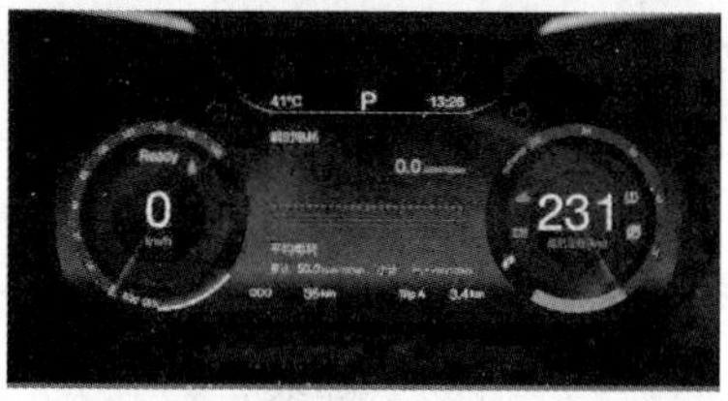P 0 231	重新上电检查车辆是否恢复正常	完成□ 未完成□

续表

序号	图示	作业要领	完成情况
2	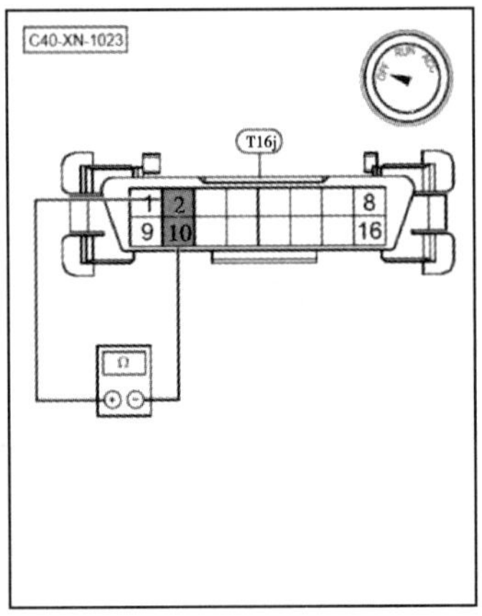	断开蓄电池负极电缆，测量 OBD 诊断接口（I16）T16j/2 与 T16j/10 针脚之间的阻值是否正常 参考阻值：约 60 Ω	完成□ 未完成□
3	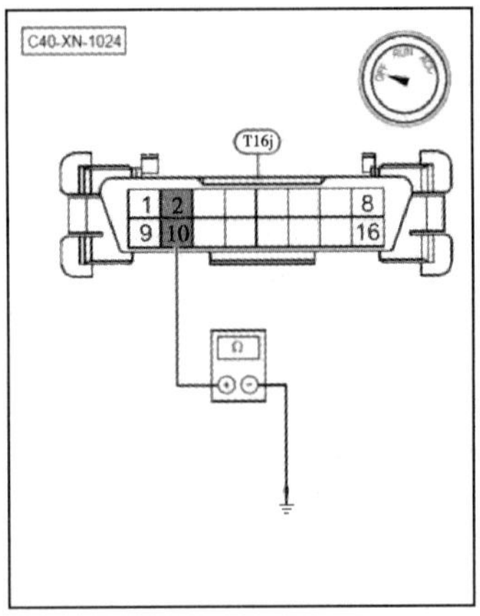	测量 OBD 诊断接口（I16）T16j/2、T16j/10 针脚与车身接地之间是否出现短路情况	完成□ 未完成□
4	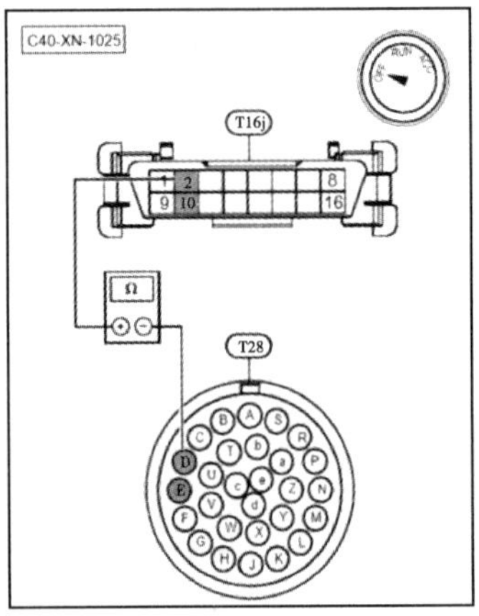	断开电池管理系统插头（U19）T28，测量 OBD 诊断接口（I16）T16j/2、T16j/10 针脚与电池管理系统（U19）T28/D、T28/E 针脚之间的导线是否连通	完成□ 未完成□
5	—	参见表 2-3-4 步骤 12 ~ 14	完成□ 未完成□

续表

序号	图示	作业要领	完成情况
6		检修或更换 PEU，重新进行诊断，读取故障码，确认故障码及症状是否存在	完成□ 未完成□

4. 动力电池故障检修

如果系统报正极 / 负极 / 预充继电器粘连、正极 / 负极 / 预充继电器断路、预充电阻断路、预充电失败、MSD/ 主熔断器断路等故障，参考表 2-3-4 步骤 8 ~ 14 进行检修，检修完成后重新进行诊断，读取故障码，确认故障码及症状是否存在。

五、交付验收

1. 操作功能验证

实际进行车辆上电相关操作，验证故障现象是否消失，并记录操作过程中遇到的问题。

2. 仪表显示检查

检查仪表显示是否正常

完成上述检查后，填写验收记录（表 4-3-5）。

表 4-3-5　　验收记录

序号	项目	标准	自检	小组长检验
1	故障码	无		
2	数据流	正常		
3	设备整理	齐全、完整		
4	场地清洁	符合 7S 标准		

学习活动 4　工作总结与评价

学习目标

1. 能以小组形式对学习过程和成果用展板等形式进行汇报总结。

2. 能在教师指导下完成对学习过程的综合评价。

3. 能根据实际情况任选一款车型，描述车辆上电过程及无法上电故障的检修方法。

建议学时

6 学时。

学习过程

一、工作总结

以小组为单位，选择演示文稿、展板、海报、视频等形式中的一种或几种，向全班展示、汇报学习成果。

二、综合评价

针对本任务的学习情况，根据表 4–4–1 所列综合评价标准进行评分。

表 4-4-1　　综合评价标准

新能源汽车无法上电故障诊断与排除					日期：		
姓名：			学号：		班级：		
序号	评价项目	评价内容及标准	配分 / 分	评分要求	自评	互评	师评
1	工作组织与管理	□能进行有效沟通和团队协作 □能及时检查工作进展和效果，保证高质量完成工作 □能及时处理工作中遇到的问题，提出创新性、可行性建议，提高客户满意度	15	未完成 1 项扣 5 分，扣分不得超过 15 分			
2	安全与防护	□能规范进行工位 7S 操作 □能规范进行设备和工具的安全检查 □能规范进行车辆安全防护操作 □能规范进行工具清洁、校准和存放操作 □能规范进行三不落地（包括工量器具、设备及零部件、油污）操作	15	未完成 1 项扣 3 分，扣分不得超过 15 分			
3	工具使用	□能正确选用维修工具和检测工具 □能正确使用维修工具进行拆装 □能正确使用检测工具进行线路和零部件参数检测	5	未完成 1 项扣 2 分，扣分不得超过 5 分			
4	资料收集与使用	□能正确使用维修手册查询资料 □能正确使用用户手册查询资料 □能在规定时间内查询所需资料 □能正确记录所查询资料的章节和页码 □能正确记录所需维修信息	5	未完成 1 项扣 1 分，扣分不得超过 5 分			
5	故障诊断	□能正确使用诊断仪检测数据流及故障码 □能判断控制模块工作是否正常 □能正确分析电路 □能判断系统数据流是否正常	20	未完成 1 项扣 5 分，扣分不得超过 20 分			
6	故障检修	□能正确完成高低压互锁故障检修 □能正确完成绝缘故障检修 □能正确完成通信故障检修 □能正确完成动力电池故障检修 □能正确完成新能源汽车无法上电故障的交付验收	35	未完成 1 项扣 7 分，扣分不得超过 35 分			
7	报告撰写	□字迹清晰 □语句通顺 □无错别字 □无涂改 □无抄袭	5	不符合要求 1 项扣 1 分，扣分不得超过 5 分			
总分			100	得分			
总评	自我评价 ×20%+ 小组评价 ×20%+ 教师评价 ×60%		综合得分		教师（签名）：		

拓展学习

1. 根据实际情况选择一种车型，简述该车型车辆上电的工作过程。

2. 根据所选车型描述车辆不上电的故障原因，完成表 4–4–2。

表 4–4–2　＿＿＿＿车型车辆不上电故障检查

序号	故障原因	检查项目	检查步骤及注意事项